꿈★을 이루는 프로젝트

이제 드림빌더로 거듭나라

초판발행 · 2014년 7월 25일

지 은 이 · 서상우
펴 낸 이 · 배수현
디 자 인 · 김화현
제   작 · 송재호
홍   보 · 전기복
출   고 · 장보경
유   통 · 최은빈

펴 낸 곳 · 가나북스 www.gnbooks.co.kr
출판등록 · 제393-2009-000012호
전   화 · 031-408-8811(代)
팩   스 · 031-501-8811

ISBN 978-89-94664-73-6(03190)

꿈★을 이루는 프로젝트

이제
드.림.빌.더.로
거듭나라

서상우 지음

✝가나북스

꿈★을 이루는
프 로 젝 트
**이   제
드림빌더로
거 듭 나 라**

/

목차

impossoble(불가능)에서 땀 한 방울만 흘리면
i'm possible(나는 가능하다)가 된다.

3장 꿈을 이루는 1℃

4장 이제 드림빌더로 거듭나라

프롤로그

내가 서울로 올라갈 여비를 만들기 위해 PC방에서 야간 아르바이트를 할 때였다. 우연히 인터넷 뉴스를 보게 됐는데 최근 환경적인 요인으로 갑자기 발생한 심각한 아토피 피부염 때문에 학교생활도, 사회생활도 적응하지 못하고 자살하는 성인남녀가 늘고 있다는 내용이었다.

그 뉴스를 보는 내내 눈물이 흐르는 걸 주체할 수가 없었다. 그들이 얼마나 괴로웠을지, 얼마나 두려웠을지 그 심정을 너무 잘 알 것 같았기 때문이었다. 나 역시 그랬으니까. 나 역시 그런 선택을 하고 싶을 만큼 괴로웠으니까. 그들이 그런 선택을 하기까지 보냈던 시간들을 생각하면 마음이 너무 아파 가슴 한편이 아리기까지 했다.

'포기하지 말지. 조금만 더 버티지. 당장은 너무 힘들고 답이 없어 보여도 희망을 갖고 꿈을 품는다면 반드시 웃을 수 있는 날이 올 텐데..' 이런 생각이 머릿속에서 떠나지 않았다.

나 역시 모든 것을 포기하고 싶고, 외면하고 싶었던 시기도 분명 있었다. 어떻게 해야 할지도 무엇을 해야 할지도 알 수 없었다. 하지만 단지 꿈을 꾸기 시작하자 모든 것이 달라졌다. 그저 꿈을 품었을 뿐인데 모든 것이 '그래서'에서 '그럼에도 불구하고'로 바뀌기 시작했다. 살아갈 이유가 되어주었고, 살 수 있는 힘이 되어 주었다.

우리는 모두 꿈을 품고, 그것을 이룰 수 있는 권리를 가지고 있다. 자신이 원하는 크기, 형태, 색깔의 꿈을 꾸고 그 꿈을 이루는 삶을 살 자격이 있다. 어디서 누구와 무엇을 하든 당신은 꿈을 품고 이룰 수 있다는 것이다. 그저 당신이 꿈을 꾸기만 한다면 말이다.

지금 당장 황폐해져 있는 삶이라는 땅에 꿈이라는 한 송이 꽃을 심어라. 그 꽃을 감사함으로 지켜나가다 보면 어느 순간 황폐해져 있던 땅이 꽃밭으로 거듭나 향기로 가득 차 있음을 깨닫게 될 것이다. 당신이 걷는 걸음걸음마다 축복이 함께 하길 바라며 부디 이 책이 당신의 삶에 한 송이 꽃을 심고 피우는데 작은 계기와 도움이 될 수 있기를 진심으로 바란다.

1장

누구나
핸디캡은
있다

1장
누구나 핸디캡은 있다

평범한 건 없다

2002년 11월 7일 아침, 부모님과 나는 꽉 막힌 도로에서 안절부절못하고 있었다. 목적지 근처에 가까워지자 더 이상 차로 가는 것을 포기하고 내려서 달리기 시작했다. 100m 정도를 정신없이 뛰어갔을까 뒤에서 엄마가 급하게 나를 불렀다.

"상우야, 도시락 가져가야지."

그 말에 대답할 겨를도 없이 뒤로 돌아가 도시락을 받아들고는 다시 달리기 시작했다. 도시락을 들고 목적지만을 바라보며 달려가는데 왠지 돌아보지 않아도 나를 보면서 울고 있는 엄마의 모습이 눈앞에 아른거려 순간 울컥해졌다. 그렇게 애써 눈물을 참으며 목적지만을 향해 계속 달려갔다.

이 날은 내가 수능 시험을 치던 날이었다. 한국이란 나라의 학생으로서 수능은 피해갈 수 없는 관문 중 하나다. 12년의 결실을 맺어야 하는 날이기도 하지만, 또 다른 시작을 위한 관문이기도 하다. 그래서 수능을 치는 날은 누구에게나 특별하고, 중요한 날이기도 하다.

이 날은 나에게도 특별했다. 그리고 소중했다. 단지 12년의 결실을 맺고, 또 다른 시작을 하기 위한 관문이라서가 아니라 내게는 오지 않을 것만 같았던 순간이 이 날 현실로 이루어졌기 때문이었다. 내게는 단순히 수능 시험을 치는 날이 아니라 '학교는 다닐수 있을까?', '학교를 졸업할 수는 있을까?', '나도 수능을 치러 가는 날이 올까?' 이런 걱정에 드디어 답을 낼 수 있게 되는 날이었던 것이다.

나는 아팠다. 수능을 치러 가는 날까지 15년이 넘는 투병생활을 해왔다. 투병생활의 시작은 처음에는 미약했으나 끝은 창대하다

못해 비참했다. 아프기 시작한 건 5살 때부터였다. 엉덩이에 아토피 증세가 생기기 시작했는데 시간이 지나면서 점점 온 몸으로 퍼지더니 점차 합병증까지 오기 시작했다. 손, 발에는 농포성 건선이라는 합병증이 오면서 손, 발이 다 곪아버려 걷기도 힘들어졌고, 다리에는 봉화직염이라는 합병증이 1년에 3, 4번씩 발생해 그럴 때마다 입원을 해야 했다.

병은 점점 더 악화되어갔고 포항에 있는 대학병원 의사 추천으로 S병원에도 가봤지만 해줄 수 있는 게 없으니 돌아가라는 말만을 들어야 했다. 학교는 고등학교 입학 후 바로 휴학을 하게 됐고, 그저 방 안에 혼자 누워 시간을 보내는 것 말고는 할 수 있는 것이 없었다.

그러다보니 나의 꿈은 자연스럽게 '평범하게 살고싶다'가 되어 버렸다. 지금은 아니더라도 성인이 되면 평범한 몸으로, 평범한 누군가를 만나, 평범한 결혼식을 하고, 평범한 아이를 낳고, 평범한 직장을 다니며 퇴근길에 가족을 위해 통닭 한 마리를 사서 들고 갈 수 있는 그런 삶을 살고 싶었다.

하지만 내가 세상에 나선 지 얼마 지나지 않아 평범하게 사는 것이 제일 어렵다는 것을 알게 되었다. 우여곡절 끝에 다시 두 다리로 걷고, 두 손으로 문을 열고 나갈 수 있게 되었고 드디어 이제야 평범한 삶을 살 수 있으리라 기대했지만 그 어디에도 내가 기대했던 평범한 삶은 찾을 수가 없었다. 지금까지 평범해 보였던 모든 사람들은 사실 죽을 만큼 힘든 무언가를 가슴에 품고 그저 '평범한 척'을 하며 살아가고 있었을 뿐이었다.

내게는 오랜 투병생활의 시간 동안 겪었던 상처와 고통이 너무 무거웠기에 누구라도 이것을 알아주고 이해해주길 바랐다. 하지만 그것은 나만 이해하고 나만 알 수 있는 것일 뿐, 다른 사람들에게는 그저 '그랬겠구나'하는 정도에 불과한 것이었다. 오로지 자신이 겪고 자신이 품고 있는 슬픔과 상처만이 자신에게 닥친 가장 큰 슬픔이고 아픔이었던 것이다. 그리고 그들도 모두가 하나같이 '왜 하필 내가'라는 생각과 함께 '평범하고 싶다'라는 생각을 가지고 살아가고 있었다. 심지어 때로는 오히려 내가 부럽다고 말하는 사람도 있었다. 그토록 오랜 시간 동안 그들처럼 평범하게 살고 싶기를 바라왔지만 아이러니하게도 그 어디에도 평범함은 찾을 수가 없었다. 아니 존재조차 하지 않았다. 처음부터 평범한 건 어디에도 존재하지 않았던 것이다.

애초부터 평범하다는 것은 존재하지 않는다. 우리는 모두 서로 다른 DNA, 지문, 홍채 등을 가진 아예 다른 육체로 태어난다. 게다가 다른 환경에서 다른 생각을 하며 성장한다. 평범한 환경, 평범한 생각이란 건 존재할리 없으며 모두가 각기 다른 특수함을 가지며 특별함을 띈다. 이것은 지금껏 당신이 '왜 하필 나에게만'이라 생각하며 원망했던 일들이 사실은 당신만이 느끼고, 알 수 있는 특수하고 특별한 체험임을 깨달아야 한다.

사람은 누구나 특별하다. 현재 당신이 어떤 모습으로 어떤 상황에 처해있든 당신이 특별하다는 것에는 변함없다. 자신이 평범하지 못하다는 생각으로 자신을 원망하고 자책해서는 안 된다. 지금 당신이 평범하지 못하다고 말하는 것들이 어떤 결과와 결론을 만들어 낼지는 아무도 모르는 것이다. 그것들이 어떤 결과로 가는 과정인지는 아무도 모르는 법이다. 결과를 보지 못한 상태에서 미리 단정 지어 원망하고 자책하는 그런 행동은 그만둬야 한다. 어제의 적이 오늘의 동료가 되기도 하듯 어제는 평범하지 않기 때문에 원망스러웠던 일들이 오늘은 평범하지 않은 덕분에 빛이 되기도 하는 일들이 분명 일어나게 되어 있다.

초등학생일 때부터 발이 점점 불편해지면서 걷기 힘들어지기 시작했지만 축구화가 너무 갖고 싶어서 떼를 쓰며 부모님께 "왜 하필 내가 아파야 해? 누가 이렇게 낳아 달라 그랬어?"라고 큰소리로 대든 적이 있었다. 그 무렵의 나는 남과 다름으로 인해 가지지 못하는 것에만 초점이 맞춰져 있었던 것이다. 하지만 지금은 남과 다른 덕분에 얻을 수 있는 것에 초첨을 맞췄고, 그리고 나자 그 덕분에 남과 다른 삶을 살 수 있게 되었으며 그 덕분에 행복한 삶을 살 수 있게 되었다.

25살에 도레미파솔라시도 밖에 몰랐던 내가 음악을 하겠다고 서울에 올라와 음악감독을 맡게 되고, 초고속으로 녹음실 대표까지 하게 되며, 미모의 여성과 결혼을 하고 사랑스러운 딸을 낳고 행복한 삶을 살 수 있게 되었다. 이 모든 것은 서울에 올라온 지 고작 4년 만에 일어난 일들이었고 이것은 내가 남과 다름을 장점으로 보기 시작하면서부터 일어난 일들이다.

////

평범함은 갈망의 대상이 아니라, 회피의 대상이다.

- 조디 포스터 -

////

사람의 장점은 등에 붙어있다는 말이 있다. 그래서 많은 사람들이 '내게는 단점밖에 없어'라는 생각으로 괴로워한다. 그리고는 다른 사람의 등에 붙은 장점을 보며 부러워하고 질투한다. 하지만 분명한 건 누구나 제대로 장점이 등에 붙어있으며 그 색을 제대로 빛

내고 있다.

당신에겐 당신의 삶 자체가 빛나는 장점이다. 다른 누군가의 삶의 빛을 따라갈 필요는 없다. 당신의 꿈을 가져라. 당신만이 꿀 수 있고, 당신만이 품을 수 있는 꿈을 가져라. 그 꿈이 당신을 평범함을 넘어선 특별함으로 이끌어 줄 것이다. 평범함을 바라고, 평범함을 부러워하는 것은 자신이 부족한 상태임을 반증하는 행동이다.

아름답게 내리는 하얀 눈은 단 하나도 같은 결정을 갖고 있지 않다. 평범한 눈은 단 하나도 없다는 뜻이다. 모든 눈이 특별하고, 모든 눈이 새로움을 띈다. 단지 수없이 내리는 눈으로 인해 결정 하나하나를 자세히 보지 못하기 때문에 똑같은 눈으로 보이고 있을 뿐이다. 하지만 가만히 눈을 들여다보면 당신은 경이로운 그 모습을 확인할 수 있을 것이다.

우리의 삶도 그러하다. 한 명, 한 명 가만히 들여다보면 모두가 특별하고 소중한 삶을 살고 있다. 하지만 지나가는 수많은 사람들속에 가려져 그저 수많은 사람들 속의 평범한 한 사람으로 보이는 것뿐이다. 특별한 자신의 삶을 깨닫지 못하고 평범함을 씌우려 노력하는 것은 자신의 삶을 저주하는 것과 마찬가지다. 자신의 삶은 그 누구로도 대체할 수 없는 특별한 것이다.

당신이 누구와 어디서 무엇을 하든 그것이 특별한 것이라고 생각하라. 특별한 사람이 특별한 사람을 만나서 특별한 곳에서 특별한 것을 한 것이라 여겨라. 모든 일을 그렇게 여기기 시작하면 언제나 다를 것 없어 보이던 하루가 특별해지기 시작한다. 그런 식으로 당신이 매 순간을 특별하게 여기기 시작하면 당신의 삶 자체가 특별해진다. 그것이 가능한 이유는 당신이 처음부터 특별한 존재였고, 특별한 삶을 살고 있기 때문이다. 바로 당신이 이 땅에 태어난 순간부터 말이다.

꿈 사전에 불가능이란 없다

나는 마지막 고입 시대였다. 수능을 치고 대학교를 입학하는 것처럼 고등학교도 고입시험을 치고 성적에 맞게 고등학교를 지원할 수 있었다. 마지막 고입 시대였던 나 역시 고입시험을 준비해야 했지만 그 무렵의 난 병원 신세를 면할 수가 없었다. 덕분에 병원에서 시험 준비를 해야 했고, 시험 당일은 이모부께 업혀 시험을 치러 갈 수 있었다.

성치 않은 몸으로 겨우 시험을 치르고 감사하게도 원하던 고등학교에 입학할 수 있었다. 하지만 입학식 날, 모두가 입학식이 한창일 때 나는 교무실에서 휴학 신청서를 작성해야만 했다. 너무 잦은 합병증으로 학교를 제대로 다닐 수 없는 상황이 된 것이었다. 그렇게 친구들이 설렘과 긴장으로 고등학생 생활을 시작할 동안 나는 일 년 동안 방 안에 누워만 있는 시간을 보내야만 했다.

대부분의 시간은 누워서 일본 애니메이션이나 드라마를 보는 걸로 시간을 보냈다. 눈 뜨면 재생 버튼을 눌렀고, 때가 되면 먹여주는 밥을 먹고, 가끔 기어서 화장실을 가고 다시 자리에 누워 애니메이션을 보다가 잠이 드는 것이 하루의 일과였다.

치료에 전념하기 위해 휴학을 했지만 몸 상태는 더 나빠지기만 했다. 결국 S병원에 당시 해당분야 최고의 권위자라는 교수에게 찾아가 보기로 했다. 자주 입원하던 병원에서 소개서를 받아 한 달을 기다린 끝에 진료를 받아볼 수 있게 되었다. 우리 가족은 초조하게 순서를 기다렸고 마침내 내 차례가 되었다.

진료는 5분도 채 안돼서 끝이 났다. 진료실에 들어가자마자 나의 상태를 확인하고 의사가 던진 첫 마디는 "돌아가세요."였다. 한 달을 넘게 기다린 시간이었다. 우리 가족에겐 마지막 희망이었다. 하지만 우리의 기대와는 달리 자신은 해줄 수 있는 게 없으니 그냥 돌아가라는 말뿐이었다. 손을 대기에는 너무 심한 상태로 왔다는 것이었다.

우리 가족은 절망했다. 어머니는 그 자리에 주저앉아 우셨고, 아버지는 아무 말씀도 하시지 않으셨다. 한동안 그렇게 슬픔에 잠겨 있던 우리는 다시 서로를 추스르며 일어서야 했다. 희망을 품고 간 곳에 절망만을 안고 집으로 다시 돌아와야 했다. 그런데 그때, 아버지에게 누군가의 전화가 걸려왔다. 한참 통화를 하시고는 전화를 끊으시고 아는 분이 좋은 곳이 있다고 소개해 주었으니 가보자고 하셨다. 포항에서 서울까지 희망을 안고 올라왔는데 이대로 내려갈 수는 없었기에 밑져야 본전이란 생각으로 그곳을 향했다.

그곳은 개인 약국이었다. 문을 조심스레 열고 들어가니 한 남자 약사가 우릴 반겼다. 약사는 간단한 자기소개를 하며 내 상태를 살펴보았다. 그리고는 자신이 만든 생약이라며 약을 보여주었다. 지금까지 이 약을 써서 호전된 환자의 사진을 보여주며 약의 효능에 대해 설명하였다. 결국 우리 가족은 지푸라기라도 잡는 심정으로 그 약을 사서 집으로 돌아왔다.

집으로 돌아와 한 달 정도 그 약을 쓰고 있을 때였다. 우연히 인터넷 서핑 중 나와 비슷한 증세를 갖고 있는 사람들이 모여 있는 사이트를 알게 되었고, 사이트에서 그 약국의 이름을 보게 되었다. 내용은 충격적이었다. 수많은 사람들이 그 약국의 약사를 고소하겠다고 난리였던 것이었다. 그는 불법으로 약을 제조해 팔고 있었고, 그 약의 부작용으로 더 큰 고통에 시달리고 있다는 내용이었다.

나는 머릿속이 새하얘지는 것 같았다. 그러고 보니 며칠 전 그 약사가 어머니에게 전화가 왔었다고 했다. 세금 문제로 경찰이 전화가 올 수 있으니 돈을 주고 샀다는 얘기는 하지 마 달라는 전화라고 했다. '왜 눈치채지 못했을까? 생각해보면 말도 안 되는 얘기였잖아.'라는 생각으로 자책하며 그 약사에게 전화를 걸어 봤지만 아무리 전화를 걸어 봐도 연결이 되지 않았다.

'끝났다..'
이 말만이 마음속에 울려 퍼지고 있었다.

이제 나의 인생은 끝났다고 생각했다. 이제 뭘 더 어떻게 해야 할지 누구를 믿어야 할지도 모르게 됐다. 나에게는 치료를 하기 위한 마지막 희망이었다. 하지만 그는 돈을 벌기 위해 나의 목숨을 이용했다. 나는 17살이었다. 내가 이 상황을 이해하기엔 너무 어렸고 혼란스러웠다. 한동안 부모님도 아무런 말씀이 없으셨다.

그날 밤, 잠자리에 누워 생각에 잠겼다. '걷고 싶다… 걷고 싶다… 걷고 싶다…' 혼자서 이 말만을 계속해서 중얼거렸다. 그러다가 갑자기 '픽.'하고 헛웃음이 났다. 17살의 꿈이 단지 걷는 거라는 게 어이가 없고 허탈했다. 하지만 반면 화가 치밀어 오르기도 했다. '내가 왜?', '왜 하필 내가?' 이런 생각으로 눈물이 흐르기 시작했다. 한참을 소리 없이 베개를 적셨다.

그렇게 잠이 들었는데 웬일인지 새벽에 눈이 떠졌다. 언제나 그렇듯 꼼짝도 못하고 누워만 있었지만 뭔가 모르게 상쾌한 기분이 들었다. 그리고 나도 할 수 있다는 느낌이 들었다. '나는 할 수 있다. 나도 걸을 수 있다. 나도 꿈을 꿀 수 있다.'라는 긍정적인 생각이 들기 시작했다. 아무런 방법도 약도 찾지 못했지만 그냥 '할 수 있다'라는 생각으로 가득 찼다.

나는 눈을 감고 아침이 올 때까지 다시 두 다리로 걷고, 뛰고, 남들과 같이 웃으며 어울리는 모습을 떠올렸다. 그리고 아침이 밝고 어머니가 날 깨우러 내 방으로 들어오시자 나는 이렇게 말했다.

"엄마, 난 오늘부터 어떤 약도 쓰지 않을 거야."

실제로 그날부터 난 아무런 약을 쓰지 않았다. 병원에도 가지 않았고 약을 먹지도 바르지도 않았다. 그렇게 3개월이 지나고 난 뒤, 나는 스스로 세수를 하고 옷을 입고 누구의 도움도 없이 걸어서 집을 나설 수 있게 되었다. 기적은 그렇게 조용히 찾아왔다.

내가 약을 끊겠다고 하고 난 뒤 한참을 고통 속에서 지내야 했다. 상태는 더 악화되기만 하는 듯했고 나아질 기미는 보이지 않았다. 시간이 지나면서 고통이 극심해지자 죽고 싶다는 생각까지 들기 시작하면서 차라리 팔, 다리를 잘라버렸으면 좋겠다는 생각마저 들었다. 그렇게 한계에 도달할쯤 기적처럼 상태가 호전되기 시작했다. 고통이 줄기 시작했고 상처가 조금씩 아물기 시작했다. 아무런 약도 치료도 받지 않았는데 말이다. 그렇게 조금 더 시간이 흐르자 완치는 아니지만 일상생활을 하는 데는 지장 없을 만큼 상태가 호전되었다.

나중에 알게 된 거지만 상태가 호전된 이유는 지금까지 몇 년 동안 쉬지 않고 약을 먹은 것이 몸의 면역성을 떨어뜨리게 했는데 약을 끊으면서 병에 대한 면역성이 몸속에서 자체적으로 생기기 시작한 것이다. 단순한 우연의 일치인지 아니면 걷고 싶다는 희망이 그런 면역성을 만들어 냈는지는 알 수 없는 거지만 나는 이 일로 사람이 간절히 원하고 희망을 잃지 않으면 이루지 못할 것이 없다는 것을 알게 되었다.

////

"impossoble(불가능)에서 땀 한 방울만 흘리면
i'm possible(나는 가능하다)가 된다."

- 작자 미상 -

////

당신은 지금 어떤 꿈을 꾸고 있는가? 할 수 있다고 믿고 있는가? 꿈을 꿔라. 그리고 믿어라. 당신이 간절히 원하는 것은 그게 무엇이든 이룰 수 있다. 할 수 있다. 물론 많은 장애물이 있을 수도 있다. 많은 넘어짐을 겪을 수도 있다. 나 역시 이후로도 사업 실패와 생활고로 많은 시련을 겪었다. 하지만 그때마다 깨달음을 얻고 더

큰 성공을 위한 발판으로 삼아 여기까지 올 수 있었다.

장애물이 있다면 뭐 어떤가? 넘어졌으면 또 어떤가? 비웃고 싶다면 비웃으라고 해라. 그럼에도 불구하고 희망을 품은 당신에게 불가능이란 없다. 넘지 못할 것 같았던 장애물은 뒤돌아보면 작은 돌덩이에 불과하고, 넘어져서 죽을 만큼 아팠던 기억은 이제 아련한 추억일 뿐이다. 비웃었던 그들은 결국 당신을 부러워하고 질투할 것이다.

꿈을 놓지 않은 당신에게는 이런 시간이 분명히 오기 마련이다. 꿈을 품은 당신에게는 나폴레옹처럼 불가능이란 단어가 필요치 않는다. 꿈을 품은 당신은 그게 무엇이든 할 수 있기 때문이다.

아픈 청춘이 빛나는 법이다

내가 중학교 3학년 때 계속되는 합병증으로 2,3달에 한 번꼴로 입원을 해야 했다. 결국 고등학교를 입학하자마자 1년간 휴학을 하게 되었다. 휴학을 하고 있는 1년 동안 거의 대부분의 시간을 방안에서 누워만 있으면서 보냈다. 손, 발이 곱아 걸을 수도 스스로 수저를 들지도 못할 정도였기 때문이었다. 눈을 뜨는 순간부터 잠드는 순간까지 늘 고통과 싸웠어야 했고, 자다가 아파서 깨는 날이 부지 부수였다.

그러던 어느 날, 하루는 잠을 자는데 꿈을 꾸게 되었다. 꿈속의 나는 건강한 상태였고, 너무나 신나게 뛰어다니면서 놀고 있었다. 기분 좋은 땀을 흘리며 그렇게 한참 행복감에 젖어있을 무렵 잠에서 깨고 말았다. 너무 생생했던 꿈이라 순간 현실과 구분이 안 되었지만 곧 현실을 인지할 수 있었고, 현실은 손가락 하나 까딱할 수 없는 몸이라는 사실을 받아들여야만 했다. 나는 그 순간 좌절감이라는 단어의 뜻을 제대로 이해했고, 그 방 안에 누워 혼자 눈물을 흘렸다.

그 후로 나는 스스로의 답을 찾고 싶었다. 왜 내가 아픈 건지? 그게 왜 하필 나인 건지? 종교적으로 답을 찾기 위해 절에도 들어가

보고, 교회에서 제자 훈련도 받아 보았다. 책에서 답을 구하기도 했으며 기도로 답을 듣기를 청하기도 했다. 이 과정은 내가 아프지 않았다면 결코 생각하지 못 했을 선택이고 배움이었다. 심지어 이 시절에 보고, 듣고, 깨달은 것들을 바탕으로 지금 이렇게 책을 쓰고 있고, 사람들 앞에서 강의도 할 수 있게 된 것이다.

혹시 당신 앞에 어떤 시련이 펼쳐져 있다면 바라보는 관점을 달리하여야 한다. 지금 당신을 괴롭히는 불행하고 억울하고 원망스러운 그 어떤 일이나 환경들은 사실 당신을 크게 성장시키고 일어서게 하는 원동력이 되기도 하기 때문이다. 수많은 위인전이나 자서전에서 태어나자마자 스스로 성공한 케이스는 결코 찾아볼 수 없다. 그들은 절망에서 일어섰고, 실패에서 깨달았다. 지금 당신의 상황이 절망스럽고 실패했다면 성공한 수많은 사람들과 비슷한 조건을 갖춘 것이 아닌가? 지금이야말로 성공으로 일어설 수 있는 절호의 찬스인 것이다.

근육을 키우기 위해서는 땀을 흘리지 않고는 키울 수 없는 법이다. 그렇듯 성공도 실패 없이 이룬다는 것은 불가능하다. 첫 번째, 두 번째 계단을 오르지 않고는 계단 끝을 향할 수 없는 것처럼 실패는 성공으로 가기 위해 반드시 겪어야 하는 절차라고 생각해야 한다. 실패를 피하려고 하는 것은 성공을 피하는 것과 마찬가지다.

실패를 두려워해선 안 된다. 위험을 무릅써야 한다. 도전해야 하고, 불안을 경험해야만 한다. 그 모든 경험을 바닥에 깔고 일어선 당신은 어느 순간 자신이 성장해 있음을 알 수 있게 된다. 그 경험들이 새로운 사람을 만날 수 있도록 기회를 만들어 주고, 같은 상황이라도 멋지게 대처할 수 있는 노련함을 선물해 준다. 지금까지 내 것이 아니라고 여겼던 행운들이 함께 하며 기적이라 여길 만한 일들이 찾아오게 된다. 당신이 실패라 여겨온 것들은 그런 선물을 숨기고 다가오고 있는 것이다.

////

"과거의 노예가 되지 마라.
숭고한 바다에 뛰어들어 깊이 잠수하고, 멀리 헤엄쳐라.
그러면 자존심을 갖추고 새로이 힘을 얻고 한층 성숙한 경험을
안고 돌아올 것이다."

– 랄프 왈도 에머슨 –

////

당신은 실패했다고 여겨지는 경험을 할 때마다 '이것으로 인해 나는 무엇을 배웠고, 무엇을 얻게 되었는가?'를 생각해야 한다. 실패는 언제나 경험을 낳고, 경험은 언제나 지혜를 가져다준다. 그 지혜를 바탕으로 더 노련하고 현명한 선택을 하여 성공으로 가는

발판을 마련하는 것이다.

불행하고 어려웠던 과거의 경험을 떠올리며 두려워하고 있지 마라. 과거는 어차피 바꿀 수 없다. 바꿀 수 없는 것은 그저 내버려두고 지금 당신이 바꿔 나갈 수 있는 것에 집중해야 한다. 많은 사람들을 상담하다 보면 자신의 삶에 처한 상황이나 혹은 불편한 관계에 대해 물어보는 경우가 많다. 그럴 때마다 나는 그게 무엇이든 간에 해답을 내놓지는 않는다. 어떤 상황이든 그것은 단지 지금까지 그래왔음일 뿐이며 지금은 자신이 진정 원하는 것이 무엇인지를 아는 것이 가장 중요하기 때문이다.

사실 삶에 대한 그 어떤 물음의 해답은 스스로가 갖고 있다. 학창시절 시험을 풀 때면 선생님께서 이런 말씀을 자주 하셨다. "문제를 꼼꼼히 읽어라. 답은 문제에 있다." 이 말씀은 정확했다. 어떤 불행한 상황이든 불편한 관계이든 해결해 나갈 수 있는 방법은 벌어지고 있는 그 상황 안에 존재한다.

현 상황을 바라보는 시각을 달리 여긴 뒤 어떻게 하는 게 좋겠냐는 질문을 자신에게 되물어 보면 언제나 스스로가 답을 알고 있었음을 깨닫게 해준다. 중요한 건 언제나 스스로 해답을 쥐고 있는 것이다. 자신이 믿는 것을 보게 된다는 신념을 포함하고 자기 책임을 담은 접근 방법을 찾아야 한다. 이율배반적인 그런 상황은 존재하지 않는다는 것이다. 이것을 이해했다면 이제 이 책을 덮고 세상을 향해 눈을 돌렸을 때 보이는 것은 그대로 일지라도 받아들이는 것은 달리할 수 있을 것이다.

아기를 키우다 보면 가끔 이유 없이 아플 때가 있는데 이때는 어떤 약을 쓰지 않아도 며칠 지나고 나면 괜찮아지곤 한다. 그리고 나면 아기가 말을 하려 옹알이를 하기 시작한다거나 걸으려고 한다거나 이런 식으로 재주가 하나씩 늘곤 한다. 그것이 바로 '성장통'이다. 말 그대로 크기 위해 아픈 것이다. 이것만 봐도 성장하기 위해 아파야 한다는 말을 절실히 깨달을 수 있다. 그리고 이것이 자연의 섭리라는 것 또한 알 수 있다. 자녀를 키워본 사람들을 이것을 누구보다 잘 이해할 것이다.

그리고 우리는 살아가면서 만나는 모든 사람들과 모든 상황을 스승으로 여겨야 한다. 어떤 사람이든 배울 것이 있고 그것은 당신은 성장하게 한다. 우리는 자신에게 부족한 부분을 가진 사람들을 사랑하는 경우가 많은데 행동방식에 따라 사람을 판단하지 말고, 그 사람이 자신의 일부를 반영한다고 생각하고 배울 점을 찾는 것에 집중해야 한다.

같은 상황을 겪고 있는 두 사람이 있다고 생각해보자. 한 사람은 성장하기 위한 과정이라 여기고 이 상황을 즐기고, 다른 한 사람은 이 상황을 부정하고 짜증 내며 화를 내고 있다. 이 두 사람이 같은 시기를 겪고 지나와 시간이 흐른 뒤 어떤 삶을 살고 있을 것 같은가?

정답은 당신 스스로 알고 있다. 사랑은 사랑으로 보답하는 법이다. 누군가 당신을 아끼고 사랑한다면 당신 역시 그것에 보답하고 싶어진다. 모든 것이 마찬가지다. 당신이 당신을 괴롭히고 힘들게 만드는 그 상황 이해하고 사랑한다면 상황 역시 당신을 이해하고 사랑으로 보답하려 할 것이다. 한 사람은 그렇게 했다. 하지만 한 사람은 부정하고 싫어하고 미워했다. 누군가가 당신을 부정하고 싫어하고 미워한다면 당신은 어떠한가? 당신 역시 그게 누구든 똑같이 부정하고 싫어하지 않겠는가? 심지어는 복수까지 하고 싶어질 것이다.

이것은 예수가 산상 수훈 중에 보인 기독교의 기본적인 윤리관인 황금률을 봐도 잘 알 수 있다. 예수는 "남에게 대접을 받고자 하는 대로 남을 대접하라."라는 가르침을 행했다. 이것은 받고 싶은 것이 있으면 그것을 먼저 주어야 한다는 의미다. 사랑받고 싶다면 사랑을 먼저 주어야 하고, 성공하고 싶다면 먼저 성공할 수 있게 도와주어야 한다. 당신이 지금 짊어지고 있는 짐이 있다면 그것을 부정하지 마라. 그것이 무엇이든 당신이 사랑을 주고 이해를 한다면 반드시 그것은 당신에게 힘이 되어 줄 것이다.

자신이 짊어지고 있는 짐의 무게는 언제나 버겁다. 책으로 잠시 위로가 될 수는 있어도 책을 덮고 나면 또다시 삶의 무게가 당신을 짓누를 것이다. 지금 당장 변하는 것이 없을지도 모른다. 하지만 이제 당신은 웃을 수 있고, 웃어야 하는 이유를 알았다. 이제 같은 상황을 마주하게 되더라도 순간 화가 날 수는 있겠지만 이전과는 다르게 다시 감정을 추슬러 바라보는 관점을 바꾸고, 받아들이는 마음을 달리할 것이다.

누구도 아프지 않은 채로 깨닫고 가질 수 있게 되면 참 좋겠지만 세상 누구도 그렇게 깨달음을 얻은 사람은 없다. 심지어 성인(聖人)조차도 깨달음을 얻기까지 힘든 과정을 거친다. 부처도 고행 끝에 깨달음을 얻었고, 예수도 오랜 핍박을 받았다.

해가 뜨기 전 새벽이 가장 어두운 것처럼 성공하기 위한 체험은 고통스러울 수 있다. 하지만 위기를 신의 선물로 받아들여 웃으며 그 상황을 맞이하자. 아인슈타인의 상대성 이론처럼 뜨겁지 않으면 차가운 것을 알 수 없고, 어둡지 않으면 밝은 것을 알 수 없는 법이다. 그리고 당신은 성공을 알기 위해 지금 아픈 것일 뿐이다.

이것 또한 지나가리라

이스라엘의 다윗 왕이 어느 날 궁중의 보석 세공사를 불러 명을 내렸다.

"내가 언제나 끼고 다닐 반지를 하나 제작해서 가져오라. 반지에는 글귀를 새기되 내가 전쟁에서 승리하거나 위대한 일을 이루었을 때 우쭐해하지 않고 겸손해질 수 있어야 하며 또한, 견디기 어려운 절망에 빠졌을 때는 용기를 주는 글귀여야 한다."

명을 받은 세공사는 고민에 빠지게 된다. 아무리 생각해도 그런 글귀가 떠오르지 않았던 것이다. 고민에 빠진 세공사는 솔로몬 왕자를 찾아가 도움을 요청한다. 그러자 솔로몬은 잠시 생각에 잠기더니 글귀 하나를 말해주었다.

////

"이것 또한 지나가리라

(Soon it shall also come to pass)"

////

이 이야기는 유대인의 지혜서인 『미드라시(Midrash)』의 내용 중

일부다. 지금까지 나는 이 말을 얼마나 많이 써왔는지 셀 수도 없을 정도다. 힘들고 견딜 수 없을 시간이 올 때면 속으로 항상 '이것 또한 지나가리라'란 말을 되뇌며 그 시간들이 지나가기를 기다렸다.

내가 PC방 창업을 할 때 많은 창업 대출금과 프랜차이즈 본사의 횡포로 매달 적자를 면할 수가 없었다. 하루도 쉬지 않고 일을 하고 돈을 버는 대도 일명 '돌려막기'하기에 급급했다. 그렇게 두 달, 세 달이 지나자 돌려 막는 것도 한계에 다다랐고 연체건은 날마다 늘어났다. 하루가 멀다 하고 오는 독촉 전화는 피를 말리게 했다. 아침에 눈을 뜨는 순간부터 잠드는 순간까지 불안하고 초조한 마음으로 하루하루를 보냈고, 이 지옥 같은 상황에서 벗어나고 싶다는 생각만이 간절할 뿐이었다. 눈앞에 닥친 상황들이 너무 버거워 모두 포기하고 내려놓고 싶었다.

하지만 당시 내겐 결혼한 지 2년 밖에 안 된 사랑스러운 부인과 이제 막 돌을 지난 너무나 사랑스러운 딸이 있었기에 그런 선택은 할 수 없었다. 그저 매일매일을 버티고 버티며 이것 또한 지나가기만을 기도하고 기도했다. 그렇게 시간이 흐르고 우여곡절 끝에 가게는 처분됐고, 빚도 정리되어 가기 시작했다. 그 결과가 기대했던 것보다 좋진 않았지만 이미 지금의 나는 그날을 회상하고 있을 뿐이다. 그 무렵 그렇게 하루빨리 오늘을 회상하며 '그런 날도 있었지'라고 말할 수 있는 날이 오기를 바랐지만 어느덧 나는 그날을 그런 식으로 회상하고 있는 것이다.

지나가지 않는 시간은 없다. 그날이 모든 걸 포기하고 싶은 지옥 같은 날이라 할지라도 두 번 다시 오지 않을 것만 같은 찬란한 날이라 할지라도 반드시 지나간다. 모든 일은 시간이 흘러감에 따라 지나가기 마련이고 새로운 것은 다가오기 마련이다. 지금 당신이 처해있는 상황이 어떤 상황이든 말이다.

하지만 중요한 건 지나갈 것이 분명한 것들을 '어떤 식으로 보낼 것이냐'이다. 어떤 일이든 그 일이 있었다는 사실만을 남겨두고 보낼 것이냐, 아니면 그 사실을 바탕으로 다음에 올 무언가를 멋지게 맞이할 것이냐. 이것은 언제나 그렇듯 그렇게 할 수 있고 없는 자격의 문제가 아니라 그렇게 할 것인가 아닌가 하는 선택의 문제이다.

모든 상황을 받아들이는 건 선택의 문제다. 같은 상황을 두고도 누군가는 운이 나빴던 쓸데없는 체험으로 여길 수도 있을 것이며, 누군가는 성공할 수 있는 발판의 시간으로 여길 수도 있을 것이다. 그것은 자신이 어떤 관점으로 어떻게 받아 들이냐에 따라 달라지는 선택의 문제인 것이다.

성공한 사람들은 장애물을 기회로 전환시킬 줄을 안다. 오히려 장애물을 기회라고 생각하며 더 적극적으로 눈앞에 닥친 장애물을 맞이한다. 살아가면서 마주치고 부딪치는 모든 것에는 배울 것이 있다. 모든 질병이 그 속에 질병을 이겨낼 수 있는 항체를 가지고 있듯이 모든 관계나 상황은 겉보기에는 추하고 버거워 보일지 몰라도 배울 수 있고 얻을 수 있는 것들은 품고 있다.

////

"가시에 찔리지 않고서는 장미꽃을 모을 수가 없다."
- 필페이 -

////

그저 하루하루를 의미 없이 보내면 세월은 차겠지만 당신의 삶은 채워지지 않는다. 지금 이 순간에도 흘러가고 있는 이 하루에서 무엇을 채워 내일을 맞이할 것인지를 생각하여야 한다. 세상의 어떤 것도 의미 없이 태어나는 것은 없다. 세상 어떤 일도 의미없이 일어나는 일은 없다. 역사는 지나갔지만 우리는 역사로 인해 현명함을 갖추고 앞으로의 일을 대비한다. 실수로 인해 요령을 터득하고, 실패로 인해 강인함을 배운다. 내일의 당신은 오늘의 당신보다 더 현명해져야 한다. 설령 내일의 상황이 오늘의 상황보다 더 좋지 않다 할지라도 말이다.

어릴 적 갖고 싶어서 울고불고 떼쓰던 장난감이 성인이 된 지금까지 같은 의미를 지니지는 않는다. 어릴 적 먹고 싶었던 사탕을 못 먹게 해서 원망했던 엄마를 지금까지 원망하고 있진 않다. 어릴 적 가졌던 의미나 감정들이 진심이 아니었던 건 아니다. 하지만 시간이 지나면서 더 넓은 것을 바라보고 받아들이고 난 뒤에는 어릴 적 받아들였던 의미나 감정들은 변해가기 마련이다. 이해와 인정이란 것을 배우게 되면서 말이다.

어릴 적 갖고 싶어 했지만 사주지 않았던 장난감이 시간이 지나면서 자신에게 큰 의미를 주지 않는다는 것을 이해하게 되고, 그토록 먹고 싶었던 사탕은 이가 상할까 염려스러운 마음에 사주지 않았던 엄마의 입장도 인정하게 된다. 그 무렵의 나에겐 너무 심각했고 진지했던 일들이 시간이 지나고 다시 떠올려 보면 너무 유치한 내 모습에 너무 유치하고 낯부끄러워 얼굴이 달아오르게 되는 경험은 누구나 있을 것이다. 시간이 흐르면서 그날의 의미나 값어치는 변하게 되어있다. 심각했던 일이 별일 아니었던 일이 되기도 하고, 아무것도 아닌 일이라고 생각했던 일이 나를 성공으로 이끌어 준 계기가 되는 값어치 있는 일이 되기도 한다. 지금 당장 눈에 보이는 평가나 의미가 전부가 아니라는 소리다.

PC방이 망했을 때 그 무렵의 나는 이 일을 '실패'라고 단정지었다. 하지만 지금의 나는 이 일로 인해 내가 성장할 수 있었고, 책을 쓸 수 있는 길로 인도해 주었다고 생각한다. 이 일을 겪지 않았으면 나는 아직까지도 무모하고 막연한 환상으로 사업을 할 생각을 하고 있진 않았을까? 지금의 나는 이 경험을 사랑하고 이해한다. 물론 그 일로 인해 많이 힘들어했고, 괴로웠던 건 사실이지만 덕분에 성장한 나를 발견할 수 있게 되었다. 그 일로 많은 금전적인 손해를 입었지만 그 경험 덕분에 금전적인 손해의 몇 배 이상의 수익을 낼 수 있는 깨달음과 지혜를 얻었기 때문이다.

힘든 시간이든 행복한 시간이든 지나가기 마련이다. 붙잡아 두고 싶어도 그럴 수는 없다. 아기들은 만 3세까지 평생 할 효도를 다 한다고 한다. 태어나서 만 3세까지 커가는 과정이 너무 예쁘고 사랑스럽기 때문이다. 나 역시 딸 '주아'를 키우면서 그런 경험을 하고 있다. 커가는 과정이 너무 예쁘고 사랑스러워서 '시간이 여기서 멈췄으면'하고 생각하기도 한다. 하지만 시간은 흐른다. 그리고 주아는 성장한다. 그것은 자연의 섭리다. 실제로 주아가 여기서 성장을 멈추게 된다면 우리 가족은 슬퍼질 것이며 괴로워질 것이다. 순간 바랐던 모습이지만 말이다.

당신이 지금 행복한 시간을 보내고 있어 시간을 멈추고 싶다고 생각하더라도 실제로 시간이 멈추게 되면 과연 행복할 수 있을까? 그 어떤 시간이든 흐르고 보내야 하는 것이 자연의 섭리다. 자연은 그 자리에 멈춰 성장을 멈추지 않는다. 꽃은 아름답게 만개하였다가 다시 진다. 다시 아름답게 만개하기 위해서 말이다. 꽃이 늘 만개하여 있게 되면 어느 순간부터 만개한 꽃이 아름답다는 생각을 하지 못하게 된다. 꽃은 지기 때문에 만개한 것이 아름답게 보이는 것이다. 당신의 삶도 그러하다. 절망의 순간이 있기 때문에 성공이 더욱 더 눈부시고 찬란해 보이는 것이며 행복한 순간이 소중한 것임을 알게 된다.

태어나서 숨을 거두는 순간까지 언제나 행복한 일만 겪는다면 그것이 행복한 일이란 걸 알 수 있을까? 빛이 드리우면 그늘이 지듯이 좋을 날이 있으면 힘든 날도 분명 존재한다. 오늘 하루가 당신에게 기적 같은 인생 최고의 날일지라도 죽고 싶을 만큼 비참하고 처참한 최악의 날일지라도 그 하루는 반드시 지나가고 잊혀 지기 마련이다. 그렇기에 자신의 인생에서 최고의 시간이 오더라도 자만해서는 안 되고, 자신의 인생에서 최악의 시간이 오더라도 비관할 필요는 없는 것이다.

그 시간은 분명 지나가고 새로운 시간이 다가오기 마련이다. 지금 당신이 어떤 시간을 보내든 의미 없고 보잘 것 없는 시간은 없다. 져버린 꽃은 우리 눈에는 그저 시든 꽃으로 보일지라도 사실은 세포 하나하나가 다시 만개하기 위해 열심히 움직이며 준비를 하고 있는 것이다.

지금 최고의 시간을 보내고 있다면 이 시간이 지나갈 것을 대비하는 현명함을 가져라. 만약 당신이 지금 최악의 시간을 보내고 있다면 이제 다가올 성공의 시간을 기다리며 만반의 준비를 하는 인내를 가져야 한다. 지금 당신이 어떤 시간을 보내고 있든 그 시간 또한 지나간다. 그저 당신은 지금 지나가는 그 시간에 고맙게 인사하고, 이제 다가올 시간을 반가이 맞이하라. 그것이 과거의 영광에 매여 있지 않고, 아무것도 두렵지 않은 삶을 사는 최고의 자세인 것이다.

필요하면 돌아가라

당신이 목적지를 정하고 가다 보면 제일 가까운 길이 아닌 돌아가는 길을 선택할 때가 있다. 운전을 하는 사람이라면 이 상황을 더욱 잘 이해할 것이다. 요즘 나오는 최신형 내비게이션은 도로의 막힘 상황이나 사고 현황까지 실시간으로 검색하여 제일 빠른 길을 찾아준다. 제일 짧은 길이 언제나 가장 빠른 길이 아니라 상황에 따라 돌아가는 길이 더 빠른 수도 있다는 것을 보여주는 좋은 예인 것이다.

우리의 삶도 언제나 가고 싶은 길로만 가는 것은 아니다. 곧장 꿈을 이루는 길로 가고 싶지만 상황이 여의치 않아 바로 그 길로 들어서지 못하는 경우도 있다. 눈앞에 제일 가까워 보이는 길이 있지만 그 길이 막혀있다거나 지금 자신의 상황이 그 길로 들어설 수 없게 할 수도 있다. 하지만 그렇다고 해서 그 상황을 부정하고 나쁘게만 여길 필요는 없다. 당신이 가야 한다고 여겼던 길이 어쩌면 당신에게 최선의 길이 아닐 수도 있고, 오히려 잘못 들어섰다고 생각한 길에서 당신의 새로운 꿈을 찾을 수도 있는 것이다. 어떤 길을 가든 당신이 원하던 길이 아니라고 실망하거나 좌절할 필요는 없다.

지금 당신에게 놓여진 길이 원했던 길이 아닐 수도 있겠지만 그런 건 아무래도 상관없다. 중요한 것은 그 길에 놓여진 당신이 대처하는 자세다. 사람은 어디서 누구와 무엇을 하던 배울 것이 있고, 얻을 것이 있다. 말 그대로 길의 어디쯤에 당신이 놓여져 있더라도 그곳이 어디든 배울 것을 찾을 수 있고, 얻을 것을 찾을 수 있다.

당신이 간절히 원했던 그 길에 결국 가지 못하고 돌아가게 됐다 하더라도 크게 실망하거나 좌절하지 마라. 오히려 이 길에서 더 빠른 길을 찾을 수도 있고, 더 좋은 길을 찾을 수도 있다. 돌아가는 길이라 하더라도 그 길에서 겪은 경험으로 더 큰 성과를 낼 수도 있는 것이다. 그 길에서 당신이 무엇을 얻을 건지 무엇을 배우게 될지는 아무도 알 수 없다. 미리 실패라고 단정 지어서도 안 되며 가기도 전부터 그 길을 포기하는 일이 있어선 안 된다.

필요 없는 체험이란 건 없다. 설령 어디로 가야 할지 몰라 발길이 닿는 데로 가다 들어서게 된 길이라 할지라도 그 길에서 당신은 자신을 성장시킬 수 있는 경험을 할 수 있게 된다. 그런 경험들 하나하나가 당신을 성장시키는 시간이 될 것이며 자신만의 길을 찾을 수 있는 빛이 되어 주는 것이다.

"어디로 가야 할지 모르면, 어떤 길로 가든 상관없다."

- 루이스 캐롤 -

나는 지금 작가이자 동기부여 강사지만 예전에 했던 음악감독이나 PC방 사업 등이 지금 내가 하고 있는 일에 전혀 도움이 안 되거나 관련 없는 것은 아니다. 과거의 체험들이 지금의 내게 있어 무엇보다 좋은 사례가 되어주고 있다. 직접 겪은 체험이기 때문에 더 생생하고 직접적인 감정을 담아 얘기할 수 있는 것이다.

만약 어릴 적부터 "나는 의사선생님이 될 테야."라는 꿈을 품고 그 꿈이 성인이 될 때까지 변함없이 이어져 결국 의사의 꿈을 이뤄 평생 자신의 직업에 자부심을 갖고 살아갈 수 있다면 좋겠지만 실상 그런 케이스가 많지 않다는 것은 당신도 잘 알 것이다. 나는 작가와 강사라는 직업을 갖기까지 수십 번의 직업을 바꿔왔으며 그 과정에서 많은 시간을 헤매야 했다. 만약 당신이 '오직 내가 가야 할 길'이라 여기며 최선을 다했어도 언제 어디서 또 다시 당신의 마음을 뺏는 꿈을 발견하게 될지는 아무도 모르는 법이다. 그러니 지금 당장 자신이 무엇이 되고 싶고, 무엇을 하고 싶은지 모른다 하더라도 크게 실망할 필요는 없다.

성공한 사람들은 자신이 하고 싶은 일을 하며 돈을 버는 것을 자주 볼 수 있지만 그들은 결코 자신이 하고 싶은 일에만 최선을 다하지 않는다. 그들이 자신이 하고 싶은 일을 찾기까지, 그 일을 할 수 있게 되기까지 어떤 일이든 최선을 다하고 즐겁게 해왔다는 것을 알아야 한다. 모든 일에 희망을 가지고, 꿈을 이루기 위한 발판이라 여겼기 때문에 비로소 하고 싶은 일을 하며 즐거운 삶을 살 수 있게 된 것이다.

지금 하고 있는 일이나 자신의 위치에서 할 수 있는 최선은 그것에 감사하는 것이다. 어떤 목표를 설정해두었지만 그것이 설령 계획과 달라졌다 하더라도 절대 부정해서는 안 된다. 언제나 '더 좋은 길로 가기 위한 인도'로 여기고 감사해 해야 한다. 자신이 어떤 것에 그만큼의 가치를 부여하기 시작하면 그게 무엇이든 그만큼의 가치로 되돌아오게 되기 때문이다. 자신이 미처 생각지도 못했던 방법으로 말이다.

나는 무리한 투자로 PC방 사업에 뛰어들어 최악의 상황을 맞이한 적이 있었다. 그리고 그 상황에 처하게 되자 절망하기 시작했다. 어느 순간 내게 남은 건 거대한 빚밖에 없었다. 모든 상황이 원망스럽고 절망스러웠다. 한동안 '내가 사업을 하지 않았더라면'라는 생각이 내 머릿속에서 떠나지 않으며 후회만 하고 있었다. 하지만 시간을 되돌릴 수는 없었다. 이미 벌어져 있는 상황이고 돌이킬 수 있는 일도 아니었다.

나는 지금껏 읽어왔던 자기계발서를 다시 꺼내 읽기 시작했다. 한 권, 한 권 꼼꼼히 읽으며 내가 무엇을 놓쳤고, 무엇이 잘못됐는지를 찾기 시작했다. 그리고 나는 진심으로 감사함을 느꼈다. 사업의 실패가 다 읽고 쌓아만 두었던 책을 다시 펼치게 되는 계기가 되었고, 그 책에서 전에는 보지 못 했던 가르침과 좋은 문구를 찾을 수 있었기 때문이었다. 마음속 깊이 진심으로 실패에 대한 경험을 할 수 있게 해준 것에 감사함을 느꼈다. 그러자 도저히 길이 보이지 않던 곳에서 조금씩 해결책이 보이기 시작하며 상황도 나아지기 시작했다. 그리고 이 계기로 인해 다시 책을 꺼내 읽으며 작가와 동기부여 강사에 대한 꿈을 키울 수 있게 됐고 그 길에 대한 방향도 찾을 수 있게 되었다.

세상의 어떤 것도 어떤 일도 부질없는 것은 없다. 단지 부질없다고 여길 뿐이다. 감사하게 여기는 것에는 감사할 일들이 되돌아온다. 당신이 하찮게 여기는 것에서 도움을 받고자 기대하는 것은 이기적인 행동이다. 세상은 이기적인 사람을 반기지 않는다. 이기적인 것은 결코 긍정적인 에너지가 아니기 때문이다.

당신이 무슨 일을 하던지 '나는 어떤 일이든 긍정적으로 최선을 다해서 할 수 있어'라는 모습을 보여라. 준비된 당신에게는 어떤 일도 들어올 수 있는 에너지가 발생하게 되며 그렇게 되면 자신이 하고 싶었던 일도 자연스럽게 맡을 수 있는 환경이 조성되기 시작한다. 반대로 '내가 하고 싶은 일은 이런 게 아냐'라는 생각으로 일을 밀어내는 행동은 결코 자신이 하고 싶어 하는 일을 끌어오게 하지 못한다. 무슨 일이든 주어져서 하는 게 아니라 할 준비가 되어야 주어지는 것이다.

누군가와 자신의 상황을 비교하여 불안해하고 초조해할 필요는 없다. 다른 사람보다 늦어졌다고 생각할 필요도 없다. 우주에는 전 인류가 평생 쓸 수 있는 자원이 있다. 전 세계 사람들이 부를 누릴 수 있을 만큼의 부가 쌓여있다. 중력의 법칙이 사람을 가리지 않듯이 당신이 준비만 되어 있다면 어떤 상황이든 어떤 것을 원하든 이룰 수 있는 환경이 조성될 것이다. 늦었다는 생각이 들면 더 짧은 시간 안에 이루면 되고, 가진 것이 없으면 더 많은 것을 누리면 된다.

돌아가는 것을 두려워하지 마라. 그 길의 끝에 높여진 것을 볼 수 있는 사람은 아무도 없다. 헤매도 좋다. 그것에도 배울 것이 있다. 모든 사람들이 같은 시간에 같은 것을 보면서 성장하는 것은 아니다. 다른 환경 다른 경험으로 성장하며 다른 길에서 성공을 찾는다. 앞서 말한 것처럼 어릴 적부터 의사의 길을 가려 했고 결국 의사의 길에서 행복한 삶을 사는 것도 좋다. 하지만 그는 결국 자신이 간 그 길에 핀 꽃밖에 보지 못할 것이다.

하지만 헤맸던 당신은 헤맬 때마다 들어섰던 그 길에 펴있던 꽃을 기억할 것이다. 그 꽃의 아름다움을 기억할 것이며 그 꽃의 향기로움을 기억할 것이다. 언젠가 당신이 사랑하는 사람을 만나게 됐을 때 그 아름다운 꽃을 선물하기 위해 다시 그 길을 찾아가는 일이 생길 수도 있다. 그제야 당신은 이 길에 잘못 들어섰던 경험이 소중한 경험이었음을 깨닫게 될 것이다. 사랑하는 사람이 그 꽃을 받고 행복해하는 모습을 보면서 말이다.

지금 자신이 서 있는 길에서 가만히 주위를 둘러보아라. 길에 핀 그 꽃처럼 소중히 여길 수 있는 것들이 분명히 존재하고 있다. 단지 앞만 보며 정신없이 가던 당신의 눈에 보이지 않았을 뿐, 이 길을 빨리 지나치려 서두름에 보려 하지 않았을 뿐이다. 어느 길에 들어섰든 호흡을 가다듬고 여유를 가지며 길에 높여진 것들을 음미하라. 당신이 서두르든 그러지 않든 이 길을 가야 하는 것이라면 말이다.

어느 길이든 그 길의 끝에 도착했을 때 조금의 아쉬움과 고마움을 품은 채 이렇게 말하는 당신이 되어라.

////

"이 길로 오게 돼서 정말 다행이야."

////

절망에서 성공한 사람들

세상에는 다시는 일어설 수 없을 것 같은 환경에서 일어나 세계적으로 성공한 사람들이 많다.

흑인 사생아로 태어나 9살에 사촌 오빠에게 성폭행을 당하고, 어린 시절을 마약에 찌들어 살다가 14살에 미혼모가 되고, 태어난 아들은 2주 만에 숨을 거두고 만다.

이 불행한 어린 시절의 주인공은 바로 전 세계적으로 가장 사랑받는 토크쇼의 여왕 오프라 윈프리다. 그녀는 꿈도 희망도 없어 보이는 어린 시절을 보내왔지만, 고등학교 시절 라디오 진행을 시작으로 결국 자신의 이름은 건 세계적으로 가장 유명한 프로그램인 '오프라 윈프리 쇼'를 25년간 5,000회를 진행하게 된다. 그녀는 자신만의 십계명을 만들어 실천하는 것으로 유명하다.

| 오프라 윈프리 10계명 |

1. 애써 남들의 호감을 얻으려 하지 않는다
2. 전진하는 동안 환경을 탓하지 않는다
3. 일과 삶의 조화를 이루도록 최선을 다한다

4. 남을 험담하는 사람은 멀리하라

5. 타인에게 늘 친절하게 대한다

6. 중독되는 것들은 과감히 끊는다

7. 나보다 나은 사람들로 주위를 채운다

8. 돈 때문에 하는 일이 아닌 이상 돈 생각은 아예 잊어버린다

9. 나의 권한을 타인에게 넘기지 않는다

10. 하고자 하는 일은 결코 포기하지 않는다

오프라 윈프리는 이러한 10가지 자신만의 신념을 정해놓고, 그 어떤 불우하고 불행한 상황 속에서도 절대로 포기하지 않고, 끝없는 노력과 투쟁으로 자신만의 꿈을 이루어 냈다. 그리하여 명실상부 세계에서 성공한 사람으로 인정받고 있다.

닉 부이치치는 또 어떠한가. 그는 태어나면서부터 10만 명 중 한 명이 걸린다는 '해표 기증'이란 선천성 기형을 안고 태어났다. 그의 몸은 양팔과 다리가 없고, 두 개의 작은 발만이 달려있을 뿐이다. 그것도 수술을 통해 겨우 만들어낸 발이다. 그의 인생은 당연할 정도로 어려움과 고난들로 가득 차있었다. 학교에선 왕따를 당하고, 심한 우울증에 빠져 10살 때는 자살까지 생각하게 된다. 이런 몸으로 아무것도 할 수 없을 거라 생각했지만, 그는 포기하지 않고 두 개의 작은 발만으로 글씨도 쓰게 될 수 있게 되고, 컴퓨터

도 할 수 있게 되었다.

그는 자신처럼 장애를 안고 있는 사람들에게 동기와 희망을 주는 메신저가 되기로 꿈을 정하고, 기도모임부터 비영리단체를 만들며 꿈을 펼쳐 나가기 시작한다. 결국 그는 『No Arms, No Legs, No Worrise!』란 책을 출간하며 기독교 단체뿐만 아니라, 비기독교 단체나 기업에서도 연설과 강연을 하며 전 세계적으로 희망과 용기를 전해주고 있다.

비단 해외에만 이런 사람들이 있는 건 아니다. 한국에서도 이런 사람들은 많이 있다. 축구선수가 되고 싶지만 다른 선수들에 비해 작은 몸집과 평발인 관계로 조금만 뛰어도 쉽게 피로를 느끼는 아이가 있었다. 이 아이는 자신의 핸디캡을 뒤로하고 반드시 성공한다는 마음 하나만으로 남들의 두 배, 세 배로 더 뛰고 연습했다. 오로지 정신력 하나로 버티며 끝까지 포기하지 않고 달려온 결과 세계최고의 구단 맨체스터 유나이티드에 입단하며 수많은 업적을 남기게 된다. 그가 바로 산소탱크, 두 개의 심장, 영원한 캡틴으로 불리는 '박지성' 선수이다.

////

"겨울이 없다면 봄은 그리 즐겁지 않을 것이다.
고난을 맛보지 않으면 성공이 반갑지 않을 것이다."

////

앞서 말한 사람들이 당신과는 다른 특별한 능력의 사람들은 절대 아니다. 그들 역시 바닥에서부터 아무런 희망도 없을 것 같은 절망 속에서 모든 걸 이루어 냈다. 우리는 종종 현재 자신에게 닥친 문제에만 집중하고 그 자리에 머물고 있는데 문제 속에서 오로지 문제만을 계속해서 찾고 있는 다면 결국 우리가 찾을 수 있는 것은 오로지 문제밖에 없다는 것을 알아야 한다. 가난에 처해있기 때문에 가난에만 집중한다면 더 큰 가난에 처해질 뿐이고, 지금 상황이 불행하다고 해서 불행에 집중하면 더 불행해질 뿐이다.

그들은 문제투성이인 자신의 상황 속에서 오로지 희망만을 보며 나아갔고, 자신의 꿈이 반드시 이루어질 것이라는 믿음으로 오로지 앞을 향해 나아갔다. 처음부터 한 번에 모든 것이 이루어지지 않는다고 해서 포기해서는 안 된다. 작은 것부터 하나씩 자신이 이루려는 것을 이루다 보면 어느새 결국 자신이 그토록 원하던 꿈에 도달해 있게 된다.

나 역시 아무런 희망도 기대도 없었다. 손, 발은 점점 곪아가고, 합병증은 더 잦아지고, 할 수 있는 거라곤 누워있는 일밖에 없었다.

그렇게 누워서 할 수 있는 일은 꿈을 꾸는 것뿐이었다. '다시 걸을 수 있다', '다시 뛸 수 있다', '다시 친구를 만날 수 있다', '다시 하고 싶은 걸 할 수 있다' 그렇게 하고 싶은 것, 이루고 싶은 것을 꿈 꾸면 언젠가 반드시 모든 것을 이룬 날이 올 것이라고 굳게 믿었다. 나을 수 있는 방법을 연구한 것이 아니다. 과정은 알지도 알 수도 없었다. 그저 이루어질 것이라 믿고, 결과만을 생각했을 뿐이었다. 그리고 지금은 걷는 것뿐만 아니라 행복한 가정과 성공적인 삶까지 살며 원하던 꿈을 이루어 냈다.

이제 당신의 차례다. 이루고 싶은 것을 써라. 많으면 많을수록 사소한 것부터 큰 것까지 상세하게 적어라. 그리고 가장 잘 보이는 곳에 붙여 놓고 최대한 자주 보고 읽어라. 이미 이룬 것처럼 큰소리로 자신감 있게 소리 내어 읽어라. 그리고 이미 이루어졌다고 진심으로 믿어라.

모든 사람에게는 전 세계를 일주일 동안 밝힐 수 있는 에너지가 있다고 한다. 그리고 당신에게도 그런 에너지가 있다. 당신이 그 에너지로 얼마나 큰 꿈을 꾸고 이룰 것인지는 당신이 정하는 것이다.

절망 속에서 울고만 있어서는 아무것도 기대할 수 없다. 꿈을 이루고 싶다면 절망만을 보고 있지 말고 꿈을 보아야 한다. 누구나 핸디캡은 있고, 절망은 겪는다. 자신의 절망이 더 눈에 도드라지게 보이는 것일 뿐, 누구에게나 있는 일이고, 누구나 겪는 일이다. 하지만 누구나 주저앉아 있고, 좌절하고 있진 않는다. 그리고 꿈을 품은 사람은 결코 그러고 있지 않는다.

아프다는 것도 알고, 힘들다는 것도 안다. 단지 겪은 색깔이 다르고 형태가 다를 뿐 모두가 그런 시기를 지나왔음이다. 잠시 쉬어도 좋다. 하지만 그 자리에 멈춰 서 끝이라고 여겨선 안 된다. 주저앉은 당신이 보지 못 한 세상은 너무나도 많다. 잠시 쉬었다면 일어서서 앞으로 나아가 이 세상을 직접 두 눈으로 마주해야 한다.

시련은 당신을 강하게 하고, 절망은 당신을 빛나게 해 준다. 이것을 좋은 기회라고 여겨라. 이제 성공으로 가는 발판이 준비되었음이라 여기는 것이다 .

자신이 곧 브랜드다

시대가 흐르면서 브랜드는 점점 더 늘어나고 있다. 옷, 신발, 음식, 문화 등 브랜드가 없는 분야가 없을 정도로 넘쳐흐르고 있다. 당신이 어떤 물건을 사든, 음식을 사 먹든 지불하는 돈에는 브랜드 값이 포함되어 있다. 당신이 매달 사용하는 돈의 10% 정도를 브랜드 값으로 지불하고 있다고 생각하면 된다. 누군가는 자신이 만든 브랜드를 세상에 내놓음으로써 일생을 풍요롭게 살아가는 반면, 누군가는 평생 돈을 벌어 그 브랜드를 만든 사람에게 돈을 갖다 바치는 겪은 것이다.

왜 누군가는 브랜드는 만들고, 누군가는 브랜드를 사는 것인가? 무엇이 이 차이를 만드는가?

그것은 가치에 대한 평가다. 브랜드는 가치에 대한 표식이다. 우리는 브랜드만 봐도 이 물건이 이만큼의 가치가 있는 물건이라 여긴다. 물건이 아니라 브랜드로 그 가치를 인식한다.

그런 가치는 누가 무엇으로 정하는 것인가? 브랜드에 그만한 가치를 불어 넣는 것은 바로 그 브랜드의 창조자다. 창조자가 이 브랜드의 창작을 위해 불어넣은 노력, 기술, 시간 등을 고려하여 가치를 매기고 그 가치를 세상에 내어 놓는다. 그리고 세상은 그 가치가 인정할만하다고 생각이 들면 브랜드의 가치를 믿고 그 가치만큼의 돈을 지불하는 것이다.

하지만 이제는 그 사람 자체가 브랜드가 되어 세계적으로 자신이란 브랜드를 떨치고 있는 경우가 늘어나고 있다. 최근 형성되어 가는 문화는 소수가 모여 덩어리가 된 브랜드가 아니라 한 사람, 한 사람이 브랜드가 되어가는 양상을 띤다. 자신의 가치로 성공한 사람들이 점점 늘고 있다는 것이다.

세계 최고의 토크쇼 진행자 오프라 윈프리, 억대 성공학 강연가 브라이언 트레이시, 피겨여제 김연아 이들은 모두 자신이 가진 능력으로 자신의 가치를 알려 자신의 이름을 브랜드로 만든 경우다. 바로 자신이 살아온 삶의 기록 자체가 브랜드가 되는 것이다. 사람들이 그 사람의 삶 자체에 높은 가치를 매긴 것이다.

임어당의 『이교도에서 기독교인으로』에 보면 이런 대화가 나와 있다.

공도자(工都子)가 맹자에게 물었다.
"다 같은 사람 아닙니까? 그런데 왜 위대한 사람도 있고, 하찮은 사람도 있는 것입니까?"

맹자가 답했다.
"자신의 중요한 자아를 돌보는 사람은 위대한 사람이 되고, 사소한 자아를 돌보는 사람은 하찮은 사람이 된다."

자신의 가치를 올리기 위해서는 무조건 열심히 하여 외부적인 능력을 올리는 것보다 먼저 자신의 내부를 돌아보고 무의식 속에 내재되어 있는 자신의 가치에 대한 평가를 재인식 시켜야 한다. 외부환경을 바꾸는 것도 중요하지만 그보다 먼저 자신의 의식, 무의식부터 바꿔야 한다. 자신의 의식 상태가 부유해지면 현실에서도 부유해질 수 있듯이 무의식 상태의 자신의 가치가 높게 평가되면 외부적인 당신의 가치도 재평가될 수밖에 없기 때문이다.

////

"성공하지 못할 거라는 그릇된 믿음을 버리는 것이
성공을 향한 첫걸음이다"

- 앤드류 매튜스 -

////

당신은 자신의 브랜드에 투자하는 것이 집중해야 한다. 자신의 가치를 올리는 데에 필요한 시간, 노력, 기술을 사용해야 한다. 당신이 지금 어디서 무슨 일을 하든 당신을 보고 찾아오게 만들어야 한다. 만약 한 동네에 몇 개씩 있는 사양도 거기서 거기인 PC방 중에서 당신이 운영하는 PC방으로 오게 만드는 것은 과연 무엇일까? 그것은 거리도, 간판도 아닌 바로 카운터를 보고 있는 당신 때문이다. 당신의 PC방으로 손님을 끌어오게 하는 것은 간판이 아니라 바로 당신이란 브랜드 때문인 것이다. PC방에서 당신이란 브랜드가 제공하는 친절, 웃음, 매너 등의 믿음이 있기 때문에 그곳으로 가는 것이다. 당신이란 가치를 보고 가는 것이란 말이다.

같은 돈으로 같은 시간 동안 같은 환경을 제공하지만 각각의 매장마다 사장에 대한 가치는 다르다. 사장이 갖고 있는 브랜드를 보고 손님이 스스로 가치를 매겨 선택을 하는 것이다.

이것은 당신이 PC방을 하든 무슨 일을 하든 상관없이 적용된다. 당신의 가치를 아는 사람들은 당신이 무슨 일을 하는지에는 관심이 없다. 그저 '당신이 하는 것'이라는 것에 가치를 둔다. 당신이란 브랜드에 대한 믿음이 있는 것이다.

내가 선배의 녹음실에서 음악감독으로 일을 할 때였다. 선배와 친분이 있던 피디가 갖고 들어온 일을 내가 맡아서 하게 된 적이 있었다. 1주, 2주 피디와 일을 진행하면서 호흡을 맞춰갔다. 그리고 어느샌가 피디가 원하는 것을 말하지 않아도 미리 눈치채서 일을 처리해줄 정도가 되자 그 피디는 나와 일하는 것을 굉장히 즐거워했다. 처음에는 선배와의 친분으로 녹음실을 찾아오던 그가 나중에는 자신이 어떤 프로그램을 하든 나에게 개인적으로 연락을 해서 도움을 구했다. 그 피디는 '나'라는 브랜드를 찾기 시작한 것이다.

이런 예는 보험 일을 하는 사람들을 봐도 잘 알 수 있다. 우리가 보험을 가입할 때 보험사 브랜드보다는 보험을 판매하는 사람을 보고 계약을 하는 경우를 종종 볼 수 있다. 어차피 보험 보장이나 금액이 크게 차이 나지 않는다는 것을 알기 때문에 보험사의 브랜드보다는 판매하는 사람의 가치를 믿고 계약하는 경우가 많은 것이다. 보험영업으로 억대 연봉을 받으며 남부럽지 않은 삶을 사는 사람이 있는 것은 바로 이 때문이다. 자신의 가치를 돈으로 환산한 좋은 예로 볼 수 있다. 이 외에도 주위를 둘러보면 자신을 브랜드화하여 성공하는 사람들을 우리는 쉽게 찾아볼 수 있을 것이다.

모든 일을 자기 자신이 브랜드라고 여기기 시작하면 어떤 일이든 대처하는 자세부터 달라진다. 남의 회사를 위해, 남의 가게를 위해, 남의 돈을 벌어주기 위해. 지금까지 이런 마음으로 일을 해온 건 아니었는지 돌아보라. 남의 브랜드를 위해 일한다는 마음과 자신의 브랜드를 위해 일한다는 마음은 차원이 다르다. 나오는 에너지 자체가 달라진다. 성공한 사람들은 언제나 자신의 브랜드를 위해 일한다. 어떤 일을 하든지 말이다. 남의 가치를 위하는 것과 자신의 가치를 위하는 것이 결코 같을 수는 없는 법이다. 설령 다른 사람을 위한 일을 하고 있다 하더라도 자신의 가치를 위해 일을 해야 하는 것이다.

당신의 가치를 일등 브랜드로 여겨라. 당신의 가치를 명품으로 여겨라. 사과 하나에 들어 있는 씨를 세는 건 누구나 할 수 있지만 하나의 씨에 몇 개의 사과가 들어 있는지를 말할 수 있는 사람은 아무도 없다. 심지어 당신 자신도 자신이 어느 만큼의 가치를 갖고 있는지는 알 수 없다. 하지만 이것만은 분명히 알 수 있다. 그 사과 씨에 몇 개의 사과가 들어 있는지는 알 수 없지만 분명한 건 씨 안에는 반드시 사과가 들어 있다는 것을. 당신이란 씨 안에는 분명히 사과라는 가치가 들어져 있음을.

그리고 당신은 자부심을 가져야 한다. 브랜드에는 '가치와 믿음'을 품고 있다. 그리고 당신의 브랜드는 당신의 삶 그 자체이기 때문에 자부심을 갖는 것은 당신의 가치와 믿음에 대한 자부심을 갖는 것이며 당신의 삶에 대한 자부심인 것이다. 자신의 가치에 대한 자부심이 없다면 그 누구도 그 가치를 높게 평가하지 않는다. 스스로 삶에 대한 자부심을 갖지 않는다면 아무도 당신의 삶을 들여다보려 하지 않는다.

우리의 삶은 한 사람, 한 사람 다 고귀하며 특별하다. 누군가의 삶은 특별하지만 누군가의 삶은 초라하며, 누군가의 삶은 값어치 있지만 누군가의 삶은 별 볼일 없는 그런 것이 아닌 것이다. 개개인이 저마다의 삶으로 저마다의 브랜드를 띄고 있고, 가치를 지니고 있다. 그리고 저마다의 가치는 브랜드의 창조자! 바로 삶의 주인인 당신이 부여하는 것이다.

자! 이제 당신은 스스로에게 얼마만큼의 가치를 줄 것인가? 어느 만큼의 가치를 두려 하고 있는가?

성공을 위한 체험

옛날에 자신이 빛인 걸 아는 한 영혼이 있었다. 이것은 새로 생겨난 영혼이어서 체험을 갈망했다. 그것은 "나는 빛이다, 나는 빛이다."라고 말했다. 그럼에도 그것의 어떤 앎도, 또 그것의 어떤 말도 그것의 체험을 대신할 수는 없었다. 그리고 이 영혼이 생겨난 영역에는 빛 말고는 아무것도 없었다.

모든 영혼이 다 위대했으며 모든 영혼이 다 장엄했고, 내외경스런 광채로 빛나고 있었다. 그래서 문제의 그 작은 영혼은 햇빛 속의 촛불 같았다. 작은 영혼 자신이 그 일부인, 그 위대한 빛 속에서 그것은 자신을 볼 수 없었고, 자신을 '참된 자신'으로 체험할 수도 없었다.
이제 그 영혼은 자신을 알기를 바라고 또 바라면서 지내게 되었다. 그 바람이 너무 커서 하루는 내가 이렇게 말했다.

"작은 영혼이여, 네 그런 바람을 충족시키려면 뭘 해야 하는지 아느냐?"

작은 영혼이 물었다.

"오, 신이시여, 뭘 해야 합니까? 뭘요? 저는 뭐든지 다 할 겁니다."

그래서 내가 "우리에게서 너를 떼 내야 한다. 그러고 난 다음 자신을 어둠이라 불러야 한다."라고 대답하자, 작은 영혼이 물었다.

"오, 거룩한 분이시여, 어둠이 무엇입니까?"
"그것은 네가 아닌 것이다." 내가 이렇게 대답하자 작은 영혼은 그 말뜻을 이해했다.

그리하여 작은 영혼은 전체에서 자신을 떼어냈으며, 거기다 또 다른 영역으로 옮겨가는 일까지 해냈다. 그리고 그 영혼은 이 영역에서 자신의 체험 속으로 온갖 종류의 어둠을 불러들이는 힘을 행사하여 그것들을 체험했다.
그러나 그 영혼은 더없이 깊은 어둠 속에서 소리쳤다.

"아버지시여, 아버지시여, 어찌하여 나를 버리셨나이까?"

너희가 가장 암담한 순간에 소리치듯이 그렇게. 그러나 나는 한 번도 너희를 버린 적이 없다. 나는 항상 너희 곁에 서있다. 늘 변함없이 '참된 너희'를 기억시킬 채비를 갖춘 채, 너희를 집으로 불러들일 채비를 갖춘 채.

그러므로 어둠 속에 존재하는 빛이 되라. 하지만 어둠을 저주하지 마라. 그리고 너희가 자기 아닌 것에 둘러싸인 순간에도 '자신이 누구인지' 잊지 말고, 그 같은 창조를 이룬 자신을 칭찬

하라. 너희가 그걸 변화시키려고 애쓸 때조차도.

그리고 가장 큰 시련의 순간에 행하는 것이 최대의 성공이 될 수 있음을 깨달아라. 너희가 창조하는 체험은 '자신이 누구인지'와 '자신이 어떤 존재가 되고 싶은지'에 관한 진술이기에.

– 신과 나눈 이야기 中에서 –

닐 도날드 월쉬의 『신과 나눈 이야기』에 나오는 이 신과 작은 영혼의 우화는 내가 제일 좋아하는 이야기 중 하나다. 이 이야기는 많은 메시지를 담고 있는데 가장 중요한 메시지는 우리는 모두 빛으로 태어났다는 이야기다.

다시 말하자면 우리는 모두 부자로 태어났다는 이야기다. 중요한 건 자신이 그것을 깨닫느냐 그러지 못하느냐의 차이다. 역사적인 위인들이나 세계적인 백만장자들은 그것을 알고 있다. 그리고 이들에게는 한 가지 더 공통점이 있는데 그들은 다 절망적인 상황을 겪어왔고, 지독히 가난한 생활고에서 백만장자가 됐다는 점이다.

빛이 자신이 빛인 걸 알기 위해 어둠을 체험했듯, 이들도 백만장자가 되기 위한 과정처럼 절망과 가난을 체험해왔다. 비록 그것이 원하지 않았던 일이라 할지라도 그들은 그런 위기를 반드시 극복해왔다. 어둠이 짙으면 짙을수록 빛이 더 밝은 빛으로 빛나듯, 절망적이면 절망적일수록 더 큰 성공을 이뤄냈다.

지금 당신의 상황이 힘들고 절망스럽더라도 그만큼 성공할 수 있다고 믿어라. 그리하면 힘들고 절망스러울수록 웃을 수 있다. 그 상황을 즐길 수 있게 된다.

성공한 사람들은 위기를 신의 선물이라 부른다. 어둠을 선택한 영혼처럼 그 체험을 즐긴다. 그 상황을 즐긴다. 이 위기를 지나고 나면 더 크게 성공할 수 있음을 알고 있다.
주변 사람들과 얘기를 하다 보면 종종 이런 얘길 들을 때가 있다.

"난 돈은 그냥 먹고살 정도만 있으면 돼."
"난 그렇게까지 크게 성공할 마음은 없어."

이건 잘못된 생각이다. 꿈은 최대한 크게 꿔야 한다. 작게 생각하고 작은 걸 품는 것은 자기 자신에 대한 모독이다. 자신의 무한한 능력을 욕되게 하는 것이다.

신은 인간을 자신의 모습을 본떠서 만들었다고 한다. 그것은 단순히 외관을 닮게 만들었다는 얘기가 아니다. 신과 마찬가지로 인간에게도 창조의 능력을 주었다는 뜻이다. 당신은 당신이 꿈꾸는 모든 것을 이룰 수 있다. 창조해낼 수 있다.

////

"극복할 장애와 성취할 목표가 없다면
우리는 인생에서 진정한 만족이나 행복을 찾을 수 없다."

– 맥스웰 몰츠 –

////

로켓 공학자인 폰 브라운 박사는 인터뷰에서 다음과 같은 질문을 받았다.
"어떻게 달에 로켓을 보낼 수 있었습니까?"

그러자 그는 이렇게 대답했다.
"사람의 의지로 가능하지요."

언제나 중요한 건 당신이다. 당신의 의지이다. 언제나 우주는 당신이 어떤 결정을 내리기만을 기다리고 있다. 당신이 "빌어먹을 끝났어. 난 실패자야."라고 말한다면 우주는 당신의 말에 따를 것이다. 하지만 "덕분에 많은 것을 배우고 얻었어. 이걸로 난 더 크게 성공할 수 있어."라고 말한다면 우주는 또다시 어김없이 당신의 말을 따르기 위해 움직이기 시작할 것이다. 무엇을 명할 것인지는 언제나 당신의 몫이다.

당신은 수많은 자기 계발서에서 수많은 위인들의 자서전에서 이같은 말을 하는 것을 본 적이 있을 것이다. 누구나 하는 소리를 왜 몇 번이고 똑같은 소리를 한다고 생각하는가?

이것이 틀림없는 틀린 길이 아니기 때문이다. 당신 주위에 누군가가 "자기 계발서 따위 그만 보고 자격증 공부나 해."라는 사람이 있다면 비교해보길 바란다. 당신이 지금 읽고 있는 책의 주인공과 자격증 공부를 하라고 하는 사람 중 누가 더 성공했고, 누가 더 부유한가?

////

실패한 사람들의 충고를 듣지 말고,
성공한 사람들의 노하우에 귀를 기울여라

////

성공한 사람들이 같은 얘기와 같은 방법을 권하는 데에는 그만한 이유가 있는 법이다. 자신이 저자의 주인공이 될 때까지 읽고, 또 읽으며 자신의 생각을 바꿔라. 꿈을 더 크게 꿔라.

빛을 알기 위해 어둠을 선택한 영혼처럼 성공하기 위해 좌절을 체험했을 뿐이다. 이제 다시 빛으로 돌아와 당당히 자신의 꿈을 이뤄라. 우리는 모두 그렇게 살기 위해 이 땅에 태어났고, 빛이었던 영혼이 내려와 생명을 피웠다.

이제 당신도 자신만의 원대한 꿈으로 자신이 빛나는 영혼임을 인지하고, 이 땅의 모두에게 허락된 성공적인 삶을 살길 바란다.

2장

꿈에는
자격요건이
없다

2장
꿈에는 자격요건이 없다

나만의 스펙을 쌓아라

기업명	학점	토익	어학연수	자격증	인턴	봉사활동	수상경력
삼성전자	3.7	841	1	2	1	1	1
GS칼텍스	3.82	832	1	2	1	1	2
현대자동차	3.8	823	1	2	1	1	1
포스코	3.83	877	1	1	2	1	1
S-OIL	3.76	914	1	2	1	1	0
LG전자	3.63	821	1	2	1	1	1
기아자동차	3.76	828	1	1	1	1	2
우리은행	3.73	850	1	2	1	1	1
SK네트웍스	3.67	879	1	2	1	0	0

자료 출처 : 잡코리아

이것은 2014년 현재 대기업 공채 합격생들의 평균 스펙이다. 내용을 보면 학점은 평균 3.6 ~ 3.7내외, 취득 자격증 개수는 1.5개, 인턴과 봉사활동, 수상 경력은 기본이라고 봐도 될 정도다. 게다가 이런 스펙을 가졌다 하더라도 낮게는 20대 1에서 높게는 200대 1의 경쟁률을 뚫어야만 취업이 가능하다.

어떤가? 당신은 여기에서 살아남을 수 있는 스펙을 장착하고 있는가? 나는 대학교는 중퇴했고, 자격증은 운전면허증이 전부이며 어학연수는 가본 적도 없다. 하지만 지금의 나는 오히려 저 화려한 스펙을 가진 대기업의 직원들이 부러워할만한 그런 삶을 살고 있다. 참으로 아이러니하지 않은가?

결코 세상이 원하는 스펙에 맞춰서 살아가선 안 된다. 나만의 스펙을 쌓고 또 그것으로 인해 자유로운 삶을 살아가야 한다. 세상에 맞추는 스펙이 아닌 세상이 나만이 가진 스펙을 원하도록 만들어야 한다. '을'의 입장이 아닌 '갑'의 입장으로 늘 살아가야 하는 것이다.

당신만의 스펙이란 당신이 지금껏 살아온 모든 것을 말하는 것이다. 당신이 겪었던 경험, 처해있는 환경, 상황, 사건, 사고, 관계. 이 모든 것이 당신의 스펙이 된다. 그것은 당신만이 가질 수 있는 스펙이다. 당신이 아닌 그 누구도 가질 수 없는 스펙인 것이다. 비슷한 상황일수도 있고, 비슷한 경험을 할 수도 있겠지만 당신이 아닌 이상 누구도 알 수 없는 소중한 경험이고, 느낌이란 것이다.

당신의 직업이 무엇이든 어떤 삶을 살고 있든 그런 것은 중요하지 않다. 심지어 직업이 없어도 상관없다. 중요한 건 당신이 어디서 누구와 무엇을 하든 매일 무언가를 한다는 것이다. 그 하루가 풍요로운 하루가 될 수도 있고, 결핍의 하루가 될 수도 있다. 하지만 그 하루는 당신만이 겪으며 느끼는 하루이며 당신이 아니면 알 수 없는 그런 하루인 것이다. 그리고 그 하루가 바로 당신만의 스펙을 만들어 준다. 이제 당신은 그 하루를 어떻게 보낼 것인지 결정할 수 있을 것이다.

////

"자유롭게 피어나기.
이것이 내가 내린 성공의 정의다."

- 게리 스펜스 -

////

나는 유난히 튀는 선택을 좋아했다. 모두가 자장면을 시킬 때 꼭 한 명쯤 짬뽕을 시키는 사람이 있는데 그게 바로 나였다. 분위기에 휩쓸려 같은 선택을 하지 않고 꼭 다른 선택을 하고 싶어 했다. 이런 성향은 개성 강하고 눈에 잘 띄는 장점도 있지만, 일본 속담 "튀어나온 못이 정 맞는다."라는 말처럼 공격을 받거나 눈엣가시처럼 여겨지는 경우도 종종 있었다. 하지만 지금까지도 독특하다는 말을 좋아하고 주목받는 것을 즐긴다. 그리고 이런 성향 덕분에 나만의 스펙으로 지금 자유로운 삶을 살아갈 수 있게 되었다.

내가 나만의 스펙을 가지게 된 건 단지 성격 때문만은 아니었다. 5살 때부터 투병생활을 하고 합병증으로 손가락 발가락 하나도 까딱하기 힘들게 되어 몇 년을 집에서만 생활해야 했다. 그 시간 동안 겪은 일들로 인해 육체적, 정신적 고통을 겪어야 했고, 또 그것을 극복하기 위해 절에도 들어가고 교회에서 제자 훈련도 받아보았다. 그리고 누군가를 사랑했고 누군가는 떠나보내야 했다. 이런 모든 경험들이 합쳐져 나만의 삶이 되고 나만이 스펙이 되어준 것이었다.

처음에는 이런 경험을 겪어야 하는 것이 너무 싫었다. '왜 나만 아파야 하지?', '그게 왜 하필 나여야 하지?' 이런 생각으로 부정하고 거부했다. 하지만 시간이 지날수록 이런 경험이 나를 성공으로 이끄는 발판이 되어주고, 이런 경험 덕분에 지금의 내가 있게 되었다. 내가 겪는 모든 경험들을 다른 시선으로 바라보기 시작하자 그 모든 경험들은 나에게 다른 태도를 취하기 시작하며 나의 스펙이 되어주었다.

세상이 원하는 스펙을 따라가서는 일반적인 삶에 도달하는 것이 한계다. 자신의 목표가 아닌 세상이 원하는 것에 맞추다 보면 잠재의식 속에 자신의 한계를 그어버리게 되고, 우선순위가 자신이 아니게 되어버린다. 나의 의지가 아닌 세상의 의지에 끌려다니게 되는 것이다. 누구나 걸어가는 길에 합류하려 하지 말고, 누구나 쌓는 자격증 개수를 채우는데 급급하지 마라. 내가 선택하고 걸어온 길은 내가 아니면 알 수 없는 체험이다. 자신만의 독특하고 희귀한 스펙을 만들어라. 그것은 당신만이 창출해낼 수 있는 길이 되어 준다.

우리는 외부적인 가치에만 의미를 두는 문화 속에 살고 있다. 하지만 우리는 자아에 관심을 가져야 한다. 진정 찾아야 할 가치는 자기 자신이며, 자신의 내부임을 기억해야 한다. 그리고 그것으로 자신만의 삶을 창출해내야 하는 것이다.

당신은 좀 더 자신을 돌아봐야 한다. 당신의 위대함을 좀 더 알아봐야 한다. 세상에 당신을 대체할 수 있는 사람은 아무도 없다. 당신이 하던 일을 누군가가 대신 들어와하는 것은 당신을 대체하는 것이 아니다. 당신이 하던 일을 대체하는 것일 뿐이다. 세상 어디에 당신이 살아오며 겪은 경험과 살아오며 느낀 감정을 똑같이 가지고 있는 사람이 존재한단 말인가?

성공한 사람들 중 다른 사람이 하던 일을 대체해서 성공한 사람이 있던가? 그들은 하나같이 자신의 경험과 감정으로 무언가를 해냈다. 자신만의 스펙으로 성공을 이뤘다. 세상이 정해놓은 스펙에 맞추기 위해 자신의 삶을 놓치지 마라. 삶의 순간순간을 자세히 들여다보아라. 그곳에 성공의 열쇠가 있고, 자유의 의지가 있다.

우리는 내면으로 들어가야 한다. 우리가 내면으로 들어갈수록 경이로운 체험을 할 수 있게 된다. 그리고 자신이 가진 무한한 능력에 놀라게 된다. 나는 삶이 어떤 방향으로 갈지 알 수 없었다. 질병 때문에 무슨 일을 하던 잘 풀리지 않는다고 생각했다. 그러자 인생의 모든 일이 질병 때문에 매번 막혔다. 하지만 내면으로 들어가 질병을 이해하고 나자 나의 인생은 질병 덕분에 180도 다른 삶을 살게 되었다. 생각을 바꾸자 '때문에'에서 '덕분에'로 모든 상황이 바뀐 것이다.

살아가는 매 순간이 스펙이 된다. 당신이 살아온 모든 것이 스펙이 된다. 그 어떤 것도 '때문에'라고 여기지 마라. 모든 것을 '덕분에'

라고 여기는 순간 당신의 인생은 바뀌게 될 것이다. 당신의 발목을 잡고 있다고 생각한 것들이 당신의 발판이 되어 줄 것이다. 당신이 부정한 모든 것들이 당신의 스펙이 되어 줄 것이다.

당신은 당신 자체가 스펙이다. 그 누구도 가질 수도 없고, 될 수도 없는 당신만의 스펙이다. 이제 그 스펙으로 세상에 나아가라. 자신감을 갖고 자신을 당당히 들어내라. 나는 무엇이든 이룰 수 있고, 무엇이든 될 수 있음을 믿고 이제 세상으로 향하는 문을 활짝 열어라.

우연은 없다

2004년 애쉬튼 커쳐(에반 역)와 에이미 스마트(케일 밀러 역) 주연의 '나비효과'라는 영화가 개봉했다. 영화는 어느 날 시공간 이동의 통로를 발견하게 되는 에반이 과거로 돌아가 지워버리고 싶은 기억과 사랑하는 사람들의 불행을 고쳐 나간다. 하지만 과거를 바꾸면 바꿀수록 더욱 충격적이고 예상치 못한 현실이 되어버린다. 이 영화는 제목인 '나비효과'의 뜻(중국 북경에 있는 나비의 날갯짓에 미국 뉴욕에서 허리케인이 일어날 수도 있다는 이론)처럼 작은 변화 하나가 엄청난 결과를 초래할 수 있다는 내용을 보여주고 있다.

실상 우리의 삶도 이와 다르지 않다. 지금 당신에게 일어나고 있는 크고 작은 행운이나 불행들은 그저 우연하게 일어난 일들이 아니다. 그 행운이 만들어지기까지 당신의 사소한 말 하나, 행동 하나의 복선이 깔려 있었으며 불행한 일들 또한 마찬가지다. 당신이 지금껏 아무렇지 않은 뱉은 말이나 행동, 생각들이 모여 지금 당신의 환경을 만들어 낸 것이다.

원인 없는 결과는 없다. 이것은 단순한 원리다. 지금 당신이 즐겁다면 즐거워지기 위해 무언가를 뿌려둔 것이다. 지금 당신이 괴롭다면 괴로워지기 위해 무언가를 뿌려둔 것이다. 당신이 이것을 인정하게 되면 지금 당신 앞에 펼쳐진 모든 상황을 이해할 수 있게 된다.

////

"당신의 인생은
당신이 의식적으로나 무의식적으로 선택한 결과다.
선택의 과정을 통제할 수 있다면
인생의 모든 면면을 통제할 수 있다.
그리고 스스로를 책임지는 데서 오는 자유를 만끽할 수 있다."

- 로버트 베넷 -

////

우리는 늘 과정의 흐름 속에 살아가고 있다. 당신이 무언가를 보는 것은 과거의 형체일 뿐이다. 당신이 사과를 보고 있다고 생각해보자. 당신이 보고 있는 사과는 언제나 과거의 사과다. 당신의 안구를 통해 시신경을 자극하고 뇌에 도달하여 그것이 사과라는 것을 인식한다. 그 시간 동안 당신이 본 사과는 이미 과거의 형체가 된다.

우리의 삶도 그러하다. 당신 눈앞에 펼쳐진 모든 상황은 과거의 형체를 띄고 있을 뿐이다. 당신이 어떤 행동, 어떤 말, 어떤 생각을 했는지에 따른 결과를 보고 있을 뿐이다. 당신이 우연으로 여기던 모든 일들이 사실은 당신이 무의식으로 했던 행동, 말, 생각들로 인해 일어난 일들인 것이다.

사람들은 자연재해나 큰 인명사고가 있을 때마다 운이 안 좋았다고 말을 하지만 그것은 부정적인 생각이 모이고 모여서 폭발한 사건이다. '힘들어 죽겠어', '괴로워 죽겠네', '아 배불러 죽겠다', '좋아 죽겠어' 이런 생각들이 한 곳에 갑자기 일시적으로 밀집되어 한 개의 큰 부정적인 파장을 만들어 내게 되면 자연재해나 큰 인명사고로 발생된다. 그 어떤 사건도 우연으로 일어나는 일은 없다는 것이다.

언제나 지금 자신에게 일어난 일이 자신의 모든 행위에 대한 결과임을 기억해야 한다. 그리고 자신의 미래 역시 자기가 품는 생각과 그것을 바탕으로 한 모든 행위에 따라 형성됨을 기억해야 한다. 스스로 생각한 대로 된다는 뜻이다. 내가 바라는 세계를 형성하는 것은 언제나 나라는 것을 기억해야 한다.

당신이 이것을 이해하여 현재의 상황을 인정하고 앞으로 다가올 것들을 의식적으로 바꾸고 싶다고 여긴다면 가장 먼저 봐야할 것은 자신의 느낌이다. 지금 자신의 느낌에 따라 자신의 미래가 형성

된다는 것을 깨달아야 한다. 당신이 지금 불안하고 불행하다면 그런 미래가 올 것이다. 당신이 지금 행복하고 편안하다면 그런 미래가 올 것이다. 느낌은 자신의 상태를 알려주는 신호다. 느낌으로 현재 자신의 상황과 다가올 미래를 짐작해 볼 수 있다.

느낌을 제어하고 싶다면 먼저 자신에게 초점을 맞추고 내면의 동요가 사라질 때까지 자신의 감정을 변화시키기 위해 의식적으로 노력해야만 한다. 그리고 지금까지 들어온 부정적인 말과 환경으로 인해 자신도 모르는 사이 잠재의식에 숨어있던 부정적인 의식의 꼬리표를 잘라내어야 한다. 자신의 내면으로 들어가 자신을 돌아보게 되면 지금까지 들어온 부정적인 말과 환경으로 어떤 사물이나 사건을 바라볼 때 무의식적으로 부정적으로 받아들인 것들이 분명 있을 것이다.

나는 오랜 시간 병마와 싸우면서 '왜 하필 내가 아파야 하지?', '왜 이렇게 낫지 않지?'라는 생각을 많이 했다. 하지만 '우연은 없다'라는 개념을 이해하면서 나의 내면으로 들어가 병마와 오랜 시간 싸울 수밖에 없었던 원인을 찾으려 했다. 자신을 인정하고 내면으로 들어가자 내가 아플 수밖에 없었던 원인을 찾을 수 있었다. 나는 나의 질병을 이용하고 있었던 것이다. 어릴 때에는 이것으로 동정 받고 싶어 했고, 관심 받고 싶어 했다는 것을 알 수 있었다. 그리고 성인이 돼서는 나의 삶 자체가 누구나 성공할 수 있다는 최고의 사례가 되길 바랐다는 것을 알 수 있었다.

그런데 요즘 들어 손이 더 많이 호전되기 시작했는데 그 이유를 알기 위해 다시 내면으로 들어갔다. 그리고 그 이유를 알게 되었는데 바로 딸 '주아'덕분이었다. 주아는 길을 갈 때면 꼭 "아빠 손! 엄마 손!"이렇게 말하며 양손을 아빠, 엄마의 손을 잡고 걷는다. 내가 주아를 사랑하는 만큼 아이를 어루만져주고 쓰다듬어 주고 싶다는 무의식이 최근 손을 많이 호전시켜 주었던 것이다. 이처럼 모든 것이 그저 일어나는 것이 아니다.

반대로 최근 책을 쓰면서 과거의 아팠던 기억과 고통스러웠던 상황을 다시 강하게 떠올리자 일주일 정도 몸이 악화된 적도 있었다. 나는 글을 마무리 짓고 다시 집중하는 생각을 바꿨다. 그러자 다시 몸이 회복된 경험을 한 적이 있다. 이 모든 일들을 그저 우연이라고 여길 수 있겠는가?

그럼에도 당신은 그저 우연일 뿐이라고 여길 수도 있다. 하지만 당신이 이것을 인정하고 의식적으로 생각과 행동, 말 모든 것을 바꾸기 시작하면 사소한 것에부터 변화가 생기는 것을 분명히 볼 수 있을 것이다. 오늘 아침부터 커피를 의식적으로 계속 떠올려보라.

커피 마실 일이 생기게 되거나 어떻게든 커피를 볼 수 있게 될 것이다. 보고 싶은 사람을 떠올려보라. 그 사람의 연락을 받게 되거나 소식을 들을 수 있게 될 것이다. 설령 그런 일이 생기지 않더라도 그 사람도 갑자기 문득 당신 생각을 하게 될 것이다.

오늘 유난히 김치찌개를 먹고 싶었는데 집에 가보니 어머니께서 김치찌개를 끓여놓은 경험을 한 적이 있을 것이다. 친구에게 전화를 하려고 통화 버튼을 눌렀는데 그 타이밍에 서로가 전화를 걸어 통화 중이었던 경험 역시 있을 것이다. 길을 가면서 머릿속에 어떤 노래를 떠올렸는데 갑자기 그 노래가 어느 상점에서 흘러나오던 경험은 어떠한가?

이 모든 것은 우연이 아니다. 당신의 생각이 만들어낸 결과다. 당신의 생각이 실체를 끌어당겨온 것이다. 집사람과 나는 동시에 같은 말이나 같은 노래를 같은 타이밍에 할 때가 굉장히 많다. 마치 미리 입을 맞춘 것처럼 말이다. 그것은 집사람과 나의 파장이 비슷하여 서로가 보내는 파장을 누구보다 잘 인지하기 때문이다. 당신 주변에도 그런 사람이 있을 것이다. 뭘 하든지 호흡이 잘 맞고 생각이 비슷한 친구나 연인, 가족이 있을 것이다. 그것은 그 사람이 당신과 비슷한 파장을 내뿜고 있기 때문이다. 이처럼 생각이 실체를 끌어오는 사례는 무궁무진하게 많다.

당신이 이것을 이해하여 의식적으로 사용하기 시작하면 자신의 삶을 컨트롤할 수 있게 된다. 무의식적으로 피어나는 부정적인 생각을 의식적으로 바꿀 수 있고, 내게 일어났으면 하는 일들을 의식적으로 끌어올 수 있게 된다. 그렇게 되면 자신의 삶 자체가 매일 창조적인 삶을 살 수 있게 되는 것이며 신과 같은 삶을 살 수 있게 되는 것이다.

성공한 사람들은 이것을 이해했고 이것을 이용하여 원하는 것을 이루는 창조적인 삶을 살고 있다. 이제 당신도 이것을 알게 되었고 이해할 수 있게 되었다. 당신도 자신의 삶에 일어났으면 하는 모든 일들을 의식적으로 설정할 수 있고 창조해낼 수 있게 된 것이다. 우연은 없다. 당신의 의식만이 있을 뿐이다. 당신의 모든 삶이 당신의 의식으로 인해 형성되고 발생된다. 당신은 언제나 이것을 기억하고 타의가 아닌 자의로 자신의 삶을 만들어가는 그런 창조적인 삶을 살아가야 한다.

우리는 모두 신의 모습으로 신과 같이 창조적인 삶을 살기 위해 이 땅에 왔다. 이 땅에 태어난 모두가 자신이 원하는 삶을 살아야 하고, 살 수 있는 권리를 가졌다. 당신이 그렇게 하길 원한다면 분명 그렇게 살 수 있다. 당신에게도 그럴 권리가 있기 때문이다. 이제 온 우주가 당신의 선택만을 기다리고 있으며 이제 당신이 선택할 차례다. 어떤 삶을 살기 바라는가? 그저 선택하기만 하면 된다.

이상형을 만나는 방법

2005년 문근영, 박건형 주연의 영화 〈댄서의 순정〉이 개봉했다. 당시 가을동화, 어린 신부 등으로 인기몰이를 하던 배우 문근영 씨의 팬이었던지라 영화 〈댄서의 순정〉에도 기대가 컸다. 영화가 개봉하고 부푼 설렘을 안고 극장으로 향했다.

영화 〈댄서의 순정〉의 대략적인 이야기는 이러하다. 이제 막 스무살이 된 연길에 사는 조선족 아가씨 채린(문근영)은 '조선자치주 댄스 선수권대회'의 우승자인 언니를 대신해 한국에 오게 된다. 그리고 한국에는 한때 최고의 스포츠 댄스 선수로 촉망받던 영새(박건형)가 연길에서 오는 파트너를 기다리고 있다. 요새는 파트너를 빼앗긴 기억 때문에 2년간 꿈을 포기하고 있었지만 연길에서 오는 파트너와 함께 다시 재기하려 하고 있다. 하지만 영새의 기대와는 달리 언니가 아닌 춤은 춰 본적도 없는 채린이 한국에 오게 되고, 우여곡절 끝에 3달 뒤에 열리는 선수권 대회에 출전하게 된다. 그 과정에서 채린과 영새는 어쩔 수 없이 위장 결혼을 하고 같이 살게 되는데 세상 물정도 모르고 순진하기만 한 채린에게 영새는 점점 호감을 갖게 된다. 그리고 표현이 서투르고 투박하지만 진심으로 자신을 걱정해주는 영새에게 고마움을 느끼게 된 채린 역시 조금씩 영새에게 마음을 열게 된다. 영화는 채린과 영새가 결국 서로의 진심을 알게 되고 사랑을 확인하면서 끝이 난다.

영화를 본 뒤 나는 극중 인물인 채린의 매력에 매료됐다. 그 후로
도 〈댄서의 순정〉 DVD를 통해서 영화를 몇 번 더 봤는데 볼 때마
다 채린은 나를 설레게 했다. 그리고 채린의 모습을 보면서 '저런
사람과 결혼하고 싶다'라는 생각을 갖게 됐다.

그 후, 매일 밤 나는 잠자리에 들기 전 침대에 누워 채린을 떠올리
며 이런 사람을 만나는 상상을 계속 해왔고, 연애 끝에 결혼을 해
침대에 함께 누워있는 행복한 상상을 반복해왔다. 그리고 2년 뒤
2007년 연길 출신의 21살의 한 여인을 알게 되었고, 4년간의 연
애 끝에 2011년 5월 21일 채린처럼 동안 외모를 자랑하고 4개 언
어를 하는 연길 출신의 조선족 아가씨인 지금의 배우자와 결혼하
게 되었다.

매일 밤, 혼자 누워 상상하던 침대에는 이제 상상하던 그대로 사랑
하는 사람과 함께 누워 있었고, 영화에서 보던 채린의 애교는 이
제 현실이 되어 있었다. 이것은 과연 우연일까? 그저 우연일 뿐이
라고 생각할 수 있을까? 나는 끊임없이 상상했다. 확실한 모델을
세우고, 선명히 상상하며 이루어질 것을 믿었다. 키도 작고, 건강
하지도 못하고, 아무것도 내세울 것이 없었지만 채린과 같은 사람

을 만날 것이고 서로 사랑하고 모두의 축복 속에 행복한 결혼을 할 것이라고 분명하게 믿었다. 그리고 그렇게 믿은 상상 속의 모습은 어느새 현실이 되어있었다.

많은 사람들이 연애를 하고 싶어 하고 사랑에 빠지고 싶어 한다. 하지만 정작 자신이 어떤 사람을 만나고 싶은지는 구체적으로 설정해 두지 않는다. 추상적인 이상형을 말하는 것이 아니라 구체적인 이상형을 말하는 것이다. 여기서 구체적이라 하는 것은 전지현, 김태희 같은 외모만을 말하는 것이 아니라 원하는 사람이 어떤 체형인지 어떤 성격인지 어떤 말투인지 구체적으로 설정을 해야 한다. 내가 침대에 누워 채린을 떠올릴 때 상상 속에서 그녀의 말투, 행동, 성격까지 모두 상상했다.

이상형을 구체적으로 설정을 했다 하더라도 가장 중요한 것을 놓쳐서는 안 된다. 바로 그런 이상형을 만날 준비가 되어 있어야 하는 것이다. 많은 사람들이 '난 이런 사람을 만나고 싶어', '이런 여자와 결혼하고 싶어', '저런 스타일의 남자가 좋아'라고 생각하지만 정작 자신은 그런 사람과의 만남을 전혀 준비하고 있지 않고 있다.

사랑이 필요하다면, 사랑을 받는 유일한 방법은 사랑을 주는 것임을 깨달아야 한다. 더 많이 줄수록 더 많이 받는 것이 바로 사랑이다. 마찬가지로 당신이 그런 사람을 만나고 싶다면 그런 사람을 만날 만한 가치가 있는 사람이 되어야 한다. 상대방이 원하는 가치 성과 자신의 가치성이 서로 맞아야 끌릴 수 있는 것이다. 가만히 앉아서 '이상형에게 사랑받고 싶어'라고 생각만 하고 있다면 그런 상황은 생기지 않는다. 먼저 이상형에게 사랑받을만한 사람이 되어 있어야 한다.

////

"사랑받고 싶다면 사랑하라, 그리고 사랑스럽게 행동하라."
– 벤자민 프랭클린 –

////

'용기 있는 자가 미인을 얻는다'라는 말을 들어본 적 있을 것이다. 이것은 미인과 가까워질 사건을 만들 용기가 필요하다는 것이다. 당신이 원하는 이상형을 계속해서 상상을 하다 보면 우연이든 어떻게든 그런 이상형을 볼 수 있는 자리가 생기게 된다. 그렇다면 당신은 그 이상형과 관계를 이어가기 위한 사건을 만들어야 한다. 하지만 당신은 쑥스러워하거나 용기가 없어 그냥 스쳐 지나가 버리고 만다.

이것은 상상한 것을 현실로 끌어오게 하는 방법이 아니다. 상상한 것을 현실로 끌고 오기 위해서는 주어진 기회나 상황을 잡아야 한다. 열심히 상상했고 그 상상을 이룰 수 있는 조건들을 끌고 왔지만 '난 부끄러워서 못해', '용기가 나지 않아' 이런 식으로 밀어내서는 아무것도 일어나지 않는다.

우리는 언제나 내면에서부터 시작해야 한다. '난 부끄러워서 못해', '용기가 나지 않아' 이 생각 자체가 자기 자신을 사랑하지 못하고 있다는 것을 반증한다. 사랑을 받으려면 사랑스러워야 한다. 자신도 자신에게 사랑받지 못하는데 누가 당신을 사랑스러워하겠는가? 자신의 내면에 사랑을 채워야만 사랑을 받을 수 있다. 사랑은 주는 만큼 받는다. 사랑을 주려면 줄 수 있는 사랑이 있어야 하는 것이다. 기쁨을 주기 위해서는 자신이 기뻐야 한다. 자신이 사랑에 가득 차있고 기쁨을 느끼고 있다면 굳이 주려고 하지 않아도 자연스럽게 주변 사람들에게도 전해지는 법이다.

이것을 이해하지 못하고 많은 사람들이 상대방으로 인해 내가 좋은 사람이 되거나 나쁜 사람이 된다고 생각하지만 사실은 그렇지 않다. 착한 사람에게만 사랑을 주고 나쁜 사람에게는 주지 않을 거라고 여겼겠지만 반대로 사랑을 주었기 때문에 받은 사람은 착해지는 것이고 사랑을 주지 않았기 때문에 아무것도 바랄 수 없는 사람은 나빠지는 것이다. 당신이 먼저 주지 않는 한 당신의 삶에서 그 무엇도 바랄 수 없는 것이다.

사랑을 주는 것은 비단 연인 관계에서만 해당되는 것은 아니다. 당신 삶의 모든 부분에서 적용될 수 있다. 사람이 되었든 사물이 되었든 사랑을 주지 않는 곳에서 사랑을 기대할 수는 없다. 모든 것에 사랑을 주기 시작하면 당신의 삶은 놀랍도록 바뀌기 시작한다. 사람의 긍정적인 모든 감정은 사랑에서 발생되기 때문에 삶에 사랑을 채우기 시작하면 친절, 감사, 응원, 격려 등 온갖 긍정적인 상황들이 발생되기 시작한다.

그게 무엇이든 감사하고 고마워할 것들을 찾아 사랑하는 연습을 해야 한다. 나는 집사람을 너무 사랑하지만 집사람의 모든 모습을 사랑하는 것은 아니다. 단지 단점에 집중하는 것이 아니라 감사하고 고마운 부분에 집중하고 그것을 사랑하는 것에만 집중한다. 그렇게 하면 집사람은 사랑받는 부분을 더 사랑받기 위해 노력한다. 만약 내가 싫어하는 부분에만 집중했다면 반대로 그렇게 됐을 거라고 나는 확신한다.

다른 사람을 바꾸려 하는 것은 사랑을 주는 것이 아니다. 당신이 옳고 다른 사람이 틀렸다고 여기는 것은 사랑을 내포하고 있는 것이 아니다. 불평, 불만은 사랑에서 발생되는 감정이 아니기 때문이다. 당신이 주는 대로 받는다는 것을 이해했다면 이것을 이해할 것이다. 사랑을 주기에 사랑을 받는다. 불평, 불만은 주었다면 그대로 받을 것이다.

당신이 원하는 말투가 있다면 당신이 그렇게 해야 한다. 당신이 원하는 행동이 있다면 당신이 먼저 그렇게 해야 한다. 당신이 만나고 싶은 사람의 성향대로 당신이 먼저 그렇게 되어야 한다. 사랑을 찾으려면 먼저 내면으로 들어가야 하는 것이다. 사람은 자신을 이해하기 전에는 누구도 이해할 수 없다. 사람은 자신을 사랑할 수 없으면 누구도 사랑할 수 없다. 꽃은 나비를 찾으러 다니지 않는다. 그저 꽃을 피우고 향기를 뿜을 뿐이다. 당신도 그런 꽃이 되어야 한다. 당신이란 꽃을 피우고 향기를 뿜는 것만으로도 나비 같은 사람이 다가올 것이다. 바로 당신이 있는 그곳으로 말이다.

부자의 비밀

부자는 점점 더 부자가 되고, 가난한 사람은 점점 더 가난해진다. 당신은 이것에 대해 의문을 품어본 적이 있는가? 우주에는 세상 모든 사람들이 풍요를 누리고 부를 누릴 수 있는 자원이 있다고 한다. 하지만 세계 인구의 1% 밖에 안 되는 사람들이 전 세계 돈의 96%를 벌어들이고 있다는 사실을 당신은 알고 있는가? 그들은 뭔가를 알고 있다. 돈을 버는 어떤 방법을 알고 있다. 그래서 그들은 부를 누리고 풍요롭게 살지만 그렇지 않은 사람들은 평생을 평범하거나 가난하게 살아가게 된다.

우리는 이 땅에 존재하는 모든 것을 누릴 권리가 있다. 우리는 모두 부자로 태어났다. 누구는 부자로 살아가고, 누구는 가난하게 살아가야 할 이유는 어디에도 없다. 누구나 원하는 것을 가질 수 있다. 누구나 부자가 될 수 있다. 부자가 되는 방법만 알고 있다면 말이다.

부자가 되는 가장 첫 번째 방법은 돈을 사랑하는 것이다. 우리의 무의식 속에는 돈에 대한 부정적인 이미지가 심어져 있다. 많은 돈을 갖는 것은 죄악이며 많은 돈은 필요 없다는 인식을 갖고 있는 것이다. '세상에는 돈으로 살 수 없는 것들이 많아.'라는 말로 자신을 합리화 시키고 위안으로 삼고 있진 않은가? 이런 생각들은 결코 돈을 사랑하는 것이 아니다. 세상의 법칙은 주어야 받는 황금률을 따른다. 이것이 자연의 섭리이자 원칙이다. 당신이 돈을 사랑하지 않는 이상 돈 역시 당신을 사랑하지 않는다.

당신은 지금 이 순간 "나는 돈을 사랑해. 너무 사랑하지."라고 말할지도 모르겠다. 자, 그러면 지금 당신의 지갑을 꺼내보도록 하자. 혹시 중지갑이나 반지갑 같은 접이식 지갑을 쓰고 있진 않은가? 카메다 준이치로의 『부자들은 왜 장지갑을 쓸까』를 보면 성공한 사람들은 다 하나같이 장지갑을 쓰고 있다는 걸 알 수 있다. 돈을 접어서 보관하지 않고, 장지갑에 넣어서 돈이 깨끗하고 편안한 상태로 있을 수 있게 하는 것이 바로 '돈에게 사랑받는 비밀'이라고 말하고 있다.

모든 것은 사랑을 받은 만큼 사랑을 주려 한다. 돈 역시 그렇다. 당신이 돈을 사랑하는 만큼 돈도 당신에게 다가온다. 당신이 만약 사랑하는 사람을 말로만 사랑한다고 하면서 함부로 대하고 사랑을 표현하지 않는다면 그 사람은 진정 자신이 사랑받고 있음을 느낄 수 있을까? 아마 얼마 지나지 않아 떠나고 말 것이다. 돈 역시 사랑받고 싶어 한다. 자신을 진정 사랑하고 아껴주며 자신의 값어치를 알아주는 사람에게 머물고 싶어 한다.

부자가 되는 두 번째 방법은 부를 성공의 목적이 아닌 수단으로 여겨야 한다. 부는 목적이 아니라 목적을 이루었을 때 따라오는 결과나 수단으로 여겨야 한다. 부는 노력의 산물이며 어떤 사건의 결과이다. 수단이지 목적이 아니다. 그렇기 때문에 부를 우선으로 한 꿈은 실현되기 어려우며 성공까지 도달하기도 어려워진다. 성공을 우선시하면 부는 자연스럽게 따라오는 법이다. 엠제이 드마코의 『부의 추월차선』을 보면 어느 만큼의 부를 벌어들이냐는 얼마나 많은 사람에게 감동을 주고, 영향을 끼쳤느냐에 달렸다고 한다.

우리는 연예인이나 운동 스타들을 보면 수십억, 수백억의 계약금을 받고 이적을 하고 계약을 하는 경우를 종종 볼 수 있다. 그들은 방송을 통해 수백만 명의 눈과 귀를 즐겁게 해주고, 경기를 통해 수백만 관중들에게 감동을 준다. 수백만 명을 웃기는 코미디언은 수백억을 벌고, 수백만 고객에게 서비스를 제공하는 기업 역시 수백억을 번다. 반대로 현재 당신이 가지고 있는 자산으로 당신이 어느 만큼의 사람에게 영향을 끼쳤는지를 알 수 있기도 한다. 세계적으로 유명한 백만장자들을 살펴보면 그들이 얼마나 많은 사람들에게 영향을 끼쳤는지를 잘 알 수 있을 것이다.

부자가 되는 세 번째 방법은 풍요를 이해하는 것이다. 자신의 삶이 풍요롭게 되었을 때 어떤 삶을 살게 되는지를 진정 이해해야 한다. 많은 사람들이 복권 1등 당첨을 꿈꾸며 일주일을 희망으로 보내곤 한다. 그리고 매주 그중 몇 명의 사람들이 1등에 당첨되며 인생 역전의 기회를 맞는다. 하지만 우리는 1등 당첨자들의 대다수가 당첨 후 행복한 삶을 살고 있지 않다는 것을 알고 있다.

1등 당첨자의 대다수가 당첨 후 흥청망청 돈을 쓰다가 결국 다시 빈털터리가 되거나 사업에 뛰어들었지만 실패를 맛보며 모든 것을 잃는 경우를 많이 봐왔다. 그것은 그들이 자신의 삶이 풍요롭게 되었을 때 어떤 삶을 살아야 할지 아무런 준비가 되어있지 않았기 때문이다. 대부분의 사람들은 자신이 부자가 되기를 바라면서 정작 부자가 되었을 때 어떤 삶을 살 것 인지에 대한 생각은 전혀 하지 않는다. 당신은 100억이 있었으면 하고 바라지만 정작 100억을 어떻게 관리하고 사용할지에 대해서는 아무런 준비도 하고 있지 않다는 것이다. 부는 준비되어있지 않은 사람에게는 다가오지 않는다. 당신이 진정 풍요를 이해하고 그것을 통솔할 준비가 되어있을 때 그제야 풍요는 비로소 자신의 모습을 드러내기 시작한다.

부자가 되는 네 번째 방법은 교환이다. 당신은 부자가 되기 위해 무엇을 내놓겠는가? 당신이 돈을 받기 위해서는 자신의 무엇을 내주어야 한다. 회사원은 타인의 회사를 위해 정해진 시간과 노동을 내주어야 하며, 작곡가는 다른 사람의 귀를 즐겁게 해줄 곡을 만들기 위한 창의력과 연주법을 내주어야 한다. 사람마다 자신이 내어줄 수 있는 것을 돈으로 바꾼다. 앞서 말한 것처럼 주어야 받는 것은 자연의 섭리다. 당신이 아무것도 내어주지 않는 한 아무런 변화도 기대할 수 없다. 심지어 복권조차도 복권을 사야 당첨이 될 수 있는 것이다.

부자가 되는 마지막 방법은 자신을 믿는 것이다. 성공한 사람들은 이상주의자인 경우가 많다. 이것은 임순수, 정해영의 『낙타, 바늘구멍 통과하다』에서 발췌한 일화다.

캐나다 출신의 한 거지 청년이었던 제임스(James)는 영화배우가 되려는 청운의 꿈을 품고 미국 L.A로 왔다. 하지만 너무 가난해서 한동안 집도 없이 지내야 했다. 하루에 한 개의 햄버거를 먹고 낡은 50달러짜리 중고차에서 자며, 호텔이나 빌딩의 화장실에서 세수를 하며 하루하루를 보내고 있었다. 그의 아버지는 그가 어렸을 때 돌아가셨으며, 어머니는 병환으로 누워 계셨다.

그러던 어느 날, 이대로는 지낼 수 없다는 생각과 자신에게 힘을 북돋아 줄 수 있는 무언가가 필요하다는 생각이 들어 할리우드 가장 높은 언덕으로 올라가게 된다. 그리고 하염없이 도시를 바라보다가, 갑자기 수표 책을 꺼내 스스로에게 천만 달러를 지급한다는 서명을 했다. 지급 날짜는 5년 뒤인 1995년 추수감사절이라고 적고 5년 동안 그 가짜 수표를 지갑에 넣어 다녔다.

그리고 마침내 1995년이 된 해 그는 〈덤 앤 더머〉라는 영화의 출연료로 약 700만 달러를 받았으며, 그 해 연말 〈배트맨〉의 출연료로 약 천만 달러를 받게 되었다. 바로 그가 우리가 너무 잘 알고 있는 할리우드 최고의 영화배우 '짐 캐리'이다.

////

"스스로를 신뢰하는 순간 어떻게 살아야 할지 깨닫게 된다."

– 요한 볼프강 폰 괴테 –

////

우리는 어떤 상황에서도 자신을 믿어야 한다. 자신의 무궁무진한 힘을 믿어야 하며 자신이 반드시 성공할 것을 믿어야 한다. 세상이 당신에게 끼치는 그 어떤 사건이나 환경보다 당신 자신의 생각, 말, 느낌이 훨씬 더 강하다는 것을 깨달아야 한다. 자신의 가치를 믿고 하나씩 행동에 옮길 때마다 자신의 놀라운 힘을 깨달을 수 있다. 요리사가 평생 요리에 관련된 책을 보고 레시피 자료를 봤지만 실제로 요리를 하지 않으면 아무런 요리도 만들어낼 수 없는 것처럼 당신이 부의 비밀을 알았다고 해서 자신의 삶에 적용하고 실행하지 않으면 아무런 부도 끌어당겨올 수 없다.

당신은 부자로 태어났다. 그것을 믿고 실천하라. 당신 눈앞에 다가와 있는 부를 잡아라. 부는 언제나 우리 곁에서 기다리고 있다. 우리는 이 세상에 주어진 모든 것을 가질 수 있는 권리를 가지고 태어났다. 이제 그 권리를 찾고 주어진 권리로 풍요롭고 자유로운 삶을 살도록 하자.

책을 읽어라

독서는 단순한 취미 생활이 아니라 꿈을 이루기 위한 필수요건으로 여겨야 한다. 자신의 관심분야의 책을 읽으며 최대한 많은 간접 체험을 해야 하는 것이다. 하지만 이런 말을 들으면 많은 사람들이 이렇게 대답한다.

"책 읽을 시간이 없어요."

아침 7시에 일어나 씻고 준비해 출근을 하고 8시 반까지 도착해 아침부터 점심시간까지 열심히 근무를 하고, 1시간가량의 달콤한 점심 식사와 커피 한 잔을 하고 나면 다시 오후 근무 어김없이 잔업이 있는 날이면 9시에 퇴근해 집에 오면 10시가 넘고, 씻고 잠자리에 들기 바쁘다는 것이다. 그나마 칼퇴근해서 7시 넘어 집에 온다 하더라도 씻고 저녁 먹고 나면 지쳐서 뭘 하기가 힘들다는 것이다. 이렇게 얘기를 한다면 내가 해줄 수 있는 대답은 단 한가지 밖에 없다.

"그렇다면 당신은 할 수 없는 것이다. 그리고 당신의 인생은 지금과 크게 달라지는 일은 없을 것이다."

당신은 책을 읽을 시간이 없다고 한다. 하지만 성공한 사람들은 운전을 하면서 오디오북이나 경제 뉴스를 들으며, 어떤 일을 처리하기 위해 기다림의 시간을 가질 때는 잠시라 할지라도 책을 펼쳐든다. 화장실을 갈 때는 휴대폰 게임을 하는 대신 책을 읽으며, 일상 중 생기는 잠시의 틈새 시간에도 반드시 책을 편다.

그렇게 읽는 책이 한 달에 네 권이상은 된다. 당신이 더 적극적으로 본다면 한 달에 여섯 권도 충분히 가능하다. 그런데도 당신은 아직도 시간이 없다는 핑계만 내놓고 있을 것인가? 당신은 정말 현재의 상황을 개선하고 싶긴 한 건가? 당신은 정말 성공하고 싶은가? 그런데도 시간이 없다는 얘기만 하며 그 자리에 머물러 있을 것인가?

학습은 졸업과 함께 시작된다. 절대로 배움을 멈추지 마라. 지금 당신이 아는 것만으로는 내일 당신이 필요로 하는 사람이 되기에는 충분하지 않다. 원하는 것을 하고 원하는 삶을 살고 싶다면 거기에 필요한 책을 읽어라. 정보는 당신의 무기와도 같다. 틈틈이 낭비되고 있는 시간들을 이용해서 짧은 시간 동안에라도 매일 독서를 해야 한다. 지하철 안에서, 화장실 안에서, 점심시간 동안, 혹은 일을 시작하기 한 시간 전에라도 당신은 책을 읽을 수 있다.

게다가 책은 오히려 시간이 없을수록 더 찾고, 더 읽어야 한다. 책은 시간과 공간의 개념을 초월한다. 당신이 살면서 오바마나 엠제이 드마코, 김연아나 박지성을 다 만날 수 있다면 좋겠지만 그럴 가능성은 희박하다. 하지만 우리는 그들이 쓴 책을 통해서 원하는 순간에 원하는 곳에서 그들을 만날 수 있다. 그들과의 만남을 주선하고 약속시간을 잡고 비행기까지 예약하지 않아도 말이다. 심지어 데일 카네기나 스티브 잡스 같이 이미 이 세상에 없는 사람들까지도 책을 통해 만날 수 있고 조언을 들을 수 있다. 이처럼 책을 통해서 당신이 원하는 순간에 가보고 싶은 곳, 해보고 싶은 것, 만나고 싶은 사람까지 모두 접할 수가 있는 것이다.

당신은 삶이 바쁘고 힘겨워 책을 읽을 여유가 없다고 말하지만 그럴 때야말로 책을 읽어야 할 때이다. 책 속에는 지금의 당신만큼 아니 당신보다 더 힘든 시기를 지나온 사람들의 조언이 수두룩하다. 같이 소주를 마시면서 대신 욕해주는 친구가 아닌 현명하게 그 길을 극복해온 사람들의 조언을 찾아라.

내게는 인생의 터닝 포인트가 된 책이 한 권 있다. 5살 때부터 투병 생활을 시작하면서 그 과정에서 몇 번의 죽을 고비를 넘기고, 죽고 싶을 만큼 고통스러운 시간을 지나왔다. 그리고 그 과정에서 나는 조금씩 의문이 쌓여갔다. '왜 나는 아파야 하지?', '왜 하필 내가 이런 거지?', '신은 과연 존재하는 것인가?' 물어볼 곳 없는 질문들은 나를 답답하게 했다. 답을 찾기 위해 절에도 가보고 교회에서 제자 훈련도 받아봤지만 소용이 없었다. 질문에 대한 갈증을 해소할 길이 없었다.

특별히 나쁜 짓을 하고 다닌 건 아니었지만 방황의 시간을 갖기 시작했다. 누구도 나의 생각을 알지 못하고, 답해줄 수 없을 거란 생각이 강했다. 답해주지 않는 의문은 쌓여가면서 부정만을 남기기 시작했고 우울증 증세마저 찾아왔다. 나를 지켜보시던 아버지는 "좀 긍정적으로 생각하거라."라는 말씀을 많이 하셨다. 하지만 그 어떤 말도 위로가 되진 못했고 나를 이해시키진 못 했다.

그러던 중 한 권의 책을 만나게 되었다. 바로『신과 나눈 이야기』라는 책이었다. 이 책은 총 3권으로 구성되어 작가와 신의 대화 내용을 기록하는 형식으로 집필된 책이다. 작가는 나를 대신해 지금껏 내가 품어왔던 모든 의문을 물어봐 주었고, 신의 대답은 지금껏 쌓여온 나의 갈증을 해소하기에 충분했다.

이 책의 전권을 읽고, 읽고, 또 읽기를 반복했다. 그리고 이 책을 만나고 난 뒤 나의 인생은 완전히 달라지기 시작했다. 인생 자체가 달라졌다기보다는 세상을 바라보는 시각이 통째로 달라졌다.

한 번은 사촌동생이 이 책을 읽고 난 후의 나를 만나고는 이런 얘기를 했다.

"형, 뭔가 좀 바뀐 거 같은데?"
"뭐가?"
"글쎄... 뭔가 느낌이랄까? 예전의 형을 볼 때는 늘 시한폭탄 같다는 느낌이었다면 지금은 뭔가 굉장히 차분해진 거 같아."

이 책은 내게 있어 인생의 스승과도 같은 책이다. 이 책을 수십 번 읽으면서 내 안에 쌓여있던 부정과 분노를 많이 내려놓을 수 있었고, 어떤 상황이나 환경에서도 긍정적으로 바라볼 수 있게 되었다. 지금도 가끔 마음이 피폐해질 때면 다시 이 책을 꺼내어 읽곤 한다.

책은 이처럼 누군가의 인생을 바꿀 수 있는 힘을 지니고 있고 위기를 극복할 수 있는 조언을 담고 있다. 나의 경우에는 [신과 나눈 이야기]라는 책이 그러했고, 당신에게는 또 어떤 책이 그러한 일을 할지 모른다. 자신의 삶을 성공으로 이끌어줄 수 있는 책을 찾아야 한다. 아무리 좋은 책이라도 사람마다 받아들이는 크기나 색깔은 다른 법이기 때문에 스스로가 그런 책을 찾아야 한다. 나는 [신과 나눈 이야기]를 읽고 주위 사람들에게 권하기도 하고, 지금도 가끔씩 권하는 편이다. 하지만 내게는 인생을 바꾸게 된 계기가 된 책이지만 누군가는 어렵다고 말하고, 누군가는 허무맹랑한 것 같다고 말하기도 했다.

누군가가 좋은 책을 추천해주거나 권할 수는 있겠지만 누구도 지금 당신의 상황을 완벽히 이해하여 당신의 갈증을 해소시켜 줄 수 있는 책을 선별해 내진 못한다. 당신 스스로 나와 맞는 사람을 친구로 두고 배우자로 삼듯이 책도 마찬가지인 것이다. 책을 읽으면서 나와 맞는 내게 도움이 되는 책을 직접 찾아야 한다.

////

"책은 한 권 한 권이 하나의 세계다."

- 윌리엄 워즈워스 -

////

영국 sussex대학에서 한 그룹의 지원자들을 대상으로 독서, 음악, 커피, 산책, 비디오 게임 중 어떤 취미가 가장 스트레스 수준을 떨어졌는지를 알아보았다. 결과는 독서 68%, 음악 61%, 커피 54%, 산책 42%, 비디오 게임 21%로 독서가 가장 스트레스 수준을 저하시켰다. 게다가 독서가 알츠하이머병의 예방을 기대할 수 있다는 연구 보고도 나오고 있다. 독서하는 습관을 가지고 있는 사람에게는 알츠하이머병의 원인이 되는 '베타 아밀로이드'가 굉장히 적게 발견됐다는 것이다. 지금까지는 독서가 '마음의 양식'으로만 여겨졌다면 이제는 독서가 정신뿐만 아니라 육체까지 건강하게 해준다는 과학적 근거가 속속들이 나오고 있는 것이다.

로마 시절의 철학자이자 변론가인 키케로(Cicero)는 이런 말을 했다. "책은 청년에게는 음식이 되고, 노인에게는 오락이 된다. 부자일 때는 지식이 되고, 고통스러울 때면 위안이 된다." 책은 누가 어떤 상황에 처해있든 가장 가까이에 두어야 할 스승이자 영양제다. 이제 그만 "난 책이 싫어.", "책 읽을 시간이 없어." 이런 말은 접어두고 책을 펼쳐라. 책 속에 당신을 구원해줄 길이 있으며 당신의 삶을 뜨겁게 밝혀줄 기름이 있다. 당신이 성공으로 가기 위한 가장 좋은 파트너는 바로 책인 것이다.

이제 당신의 책을 써라

책을 읽는 것은 취미나 의도적인 노력이 아니라 생활이 되어야 한다. 그리고 이제는 책을 읽는 것에 만족하는 것이 아니라 자신의 책을 쓰는 것에 눈을 돌려야 한다. 평생 편지 한 통 써본 적이 없는데 어떻게 책을 쓰냐고 말하는 사람도 있겠지만 책을 쓰는 건 그렇게 먼 나라의 이야기가 아니다. 사람들이 '나는 책을 쓸 수 없다'라고 생각하는 이유는 대충 이러하다.

첫째, 글을 써본 적이 없다는 것이다. 나는 국문과를 나온 것도 아니었고, 전문적으로 글쓰기를 배운 것도 아니었다. 시중에 나와 있는 수많은 책들 중 국문과를 나와서 책을 쓴 작가는 별로 없다. 이름만 들어도 아는 명작을 남긴 작가들 역시 수많은 시행착오와 지독한 고행 끝에 명작을 만들어 냈다. 한마디로 타고난 작가는 없다는 것이다. 단지 써보지 않았기 때문에 겁을 내는 것이며 망설여지는 것이다. 그저 지금까지 내가 보고, 듣고, 느끼고, 알게 된 것을 공유한다고 생각하면 된다. 당신이 살아온 이야기가 사례가 되고, 당신의 삶 자체가 가르침이 되는 것이다.

둘째, 나는 평범한 사람이라는 것이다. 처음 책을 쓰라고 권하면 자신은 그저 평범한 주부이고, 평범한 직장인일 뿐이라고 말하는 사람들이 많다. 김태광의 [마흔, 당신의 책을 써라]라는 책을 보면 평범한 사람일수록 자신의 책을 써야한다고 한다. 어떤 조직에서 뛰어나지도 않고 그저 그런 실력을 갖춘 사람이라면 언제든 다른 사람으로 대체될 수 있다는 뜻이기 때문에 책을 써서 자신만의 경쟁력을 갖추라고 말하고 있다.

설령 책을 쓰기로 마음을 먹었다 하더라도 어떻게 어떤 내용을 써야할지 막막할 것이다. 전문적인 학식을 갖춘 것도 아니고, 다른 사람보다 성공한 것도 아닌데 어떻게 책을 쓰냐고 되물을 것이다. 하지만 사람들이 착각하는 것이 하나 있는데 책은

'알기 때문에 쓰는 것이 아니라 알기 위해서 쓰는 것이다'

어떤 작가든 책을 쓰기 위해서는 컨셉을 잡아야 하고, 그 컨셉에 관련된 다른 책을 읽고 공부를 한다. 자신이 알고 있는 내용만으로 글을 쓰고 책을 내는 작가는 세상 어디에도 없다. 그 과정에서 전문가 못지않게 알게 되고 배우게 되며 책이 완성될 즈음에는 그 분야의 전문가가 되어 있게 되는 것이다. 그래서 자신의 이름으로 책을 낸 사람들을 그 분야의 전문가로 인정하는 것이기도 하다.

셋째, 작가라는 건 누구나 할 수 없지 않느냐는 것이다. 작가는 타

고난 사람만이 하는 것이 아니다. 누구도 작가가 될 수 있고, 누구나 책을 낼 수 있다. 당신이 작가라는 것이 멀게 느껴지는 것은 주변에 작가를 만나본 적이 없기 때문이다. 하지만 작가는 성공한 특별한 사람만이 하는 것이 절대 아니다. 당신도 자신의 이야기를 책에 담을 수 있고, 책을 통해 여러 사람에게 전할 수 있다. '작가는 아무나 할 수 없다'라는 틀을 깨어버려야 한다.

////

"읽는 것 만큼 쓰는 것을 통해서도 많이 배운다."

– 액톤 경 –

////

책을 써야 하는 가장 큰 이유 중 하나는 당신이 어느 분야에 있든 어느 위치에 있든 책을 내는 순간부터 주변 사람들이 당신을 바라보는 시선이 바뀌게 된다는 것이다. 책을 내는 순간 당신이란 브랜드의 값어치가 올라가게 된다. 책을 내는 순간 해당 분야의 전문가로 인식되기 시작하며, 그 분야의 길을 걸어왔다는 평생 남는 흔적을 남기게 된다. '호랑이는 죽어서 가죽을 남기고, 사람은 죽어서 이름을 남긴다'라는 말처럼 평생 당신의 이름이 새겨진 책이 남게 되는 것이다.

그리고 무엇보다 책은 당신의 든든한 은퇴 자본이 되어준다. [한국일보]의 한 기사를 보면 서울시 고령자 취업훈련센터의 교육 과목을 보면 경비, 주차, 배달 설문조사 등 단순직이 전부이고 석사나 박사, 대기업 임원 등 고(高) 스펙 출신들도 나이가 많다는 이유로 외면당하고 있다고 한다. 이 기사만 보더라도 은퇴 후 재취업의 길이 얼마나 험난한지를 잘 보여주고 있다.

하지만 당신이 책을 쓰면 칼럼 기고나 강연 등을 통해 언제나 현역으로 살아갈 수 있다. 게다가 책을 내면 인세 수입이 들어오게 된다. 인세는 초보 작가의 경우 보통 6~7%에서 이루어지고 때로는 10%까지 받기도 한다. 권 당 15,000원 하는 책을 10%의 인세를 받기로 했다면 책이 한 권 팔릴 때마다 1,500원이라는 수입이 발생하게 된다. 요즘 출판사들은 초판을 2천에서 3천 부 정도 찍는다. 초판 3천 부를 찍고 책의 정가 15,000원 기준에 10%의 인세를 받는다는 가정을 한다면 초판을 찍고 발생하는 총 인세는 450만 원이 되는 것이다. 이 금액에서 계약금을 뺀 나머지 금액이 출간 후 평균 한 달 이내에 통장에 입금된다.

당신이 책을 쓰는 것에 익숙해지고 노련해져 한 달에 한 권의 책을 계약할 수 있게 된다거나 당신의 책이 베스트셀러를 넘어 밀리언 셀러가 됐다고 생각을 한다면 그 어떤 투자나 연금에 비할 수 있겠는가? 퇴직금으로 사업을 시작해 20시간 넘게 사업장에서 일을 하는 것과 자택에서 편하게 책 쓰는 것 중 무엇이 더 효율적이고 편안한 노후생활이겠는가?

이제 당신은 책을 써야 하는 이유를 인지했고 책을 쓰려고 한다. 하지만 그럼에도 책을 쓰는 것이 여간 쉽지 않다면 팁(tip)을 하나 알려주겠다. 네이버 카페에서 '한책협'을 검색해보라. 이곳은 15년 동안 150여 권의 책을 써 기네스북 공식 기록보유자가 된 김태광 작가를 중심으로 요즘 잘 나가는 작가들이 즐비해 있는 곳이다. 책 쓰기 학교부터 공동 저서, 1:1컨설팅, 강연 학교 등 책 쓰는 것뿐만 아니라 삶 자체를 성공으로 이끌어주는 곳으로 엄청난 성공 에너지를 품은 곳이다. 나 역시 이곳에서 공동 저서를 참여했고, 책을 쓰기까지 많은 도움과 영향을 받았다.

요즘은 남녀노소 불문하고 자기계발에 열을 올리고 있다. 학원을 다니기도 하고, 자기 계발서를 보기도 한다. 하지만 그중 최고의 자기계발은 단연 책 쓰기라 할 수 있다. 경영학 박사 공병호는 자신의 대표 공부법은 책을 쓰는 것이라고 했다. 김태광의『10년차 직장인, 사표 대신 책을 써라』에 보면 공병호 박사는 자신의 책 쓰기 노하우를 이렇게 말한다. "책을 쓰기 전에 머릿속에 짜임새 있는 청사진을 그린 뒤 그것을 주제 당 원고지 20~25장 분량의 덩

어리 40개로 나눠 칼럼을 쓰듯이 매일 한 꼭지씩 꾸준히 쓰면 그게 바로 책이 된다."

이제는 1인 기업과 개인의 마케팅이 중요한 시대에 도래했다. 이제 더 이상 한 직장에 매여 일주일 동안 2일의 시간을 벌기 위해 5일의 시간을 남에게 바치는 것을 그만두어야 한다. 자신의 삶은 자신이 통제해야 한다. 그리고 자신의 삶을 통제하기에 가장 좋은 방법 중 하나가 책을 쓰는 것이며 그 책으로 인해 자신을 퍼스널 브랜딩(Personal Branding)해야 하는 것이다.

이제 매주 복권 사는 것을 멈추고 매주 한 권의 책을 사라. 매일 휴대폰과 PC로 게임을 하던 손을 멈추고 글을 써라. 두려워하고만 있지 말고 일단 써라. 노인과 바다의 저자 어니스트 헤밍웨이(Ernest Hemingway)는 "모든 초고는 쓰레기다!"라고 했다. 어떤 작가든 초고를 완성시킨 뒤 고쳐쓰기를 수십 번, 수백 번 반복한다. 자신이 쓰고 있는 것이 맞는 것인지 틀린 것인지 판단하지 말고 일단 써라. 처음부터 완벽한 책도 완벽한 문장도 없다. 책은 반드시 어려운 단어를 써야 하고 전문지식을 전해주어야 하는 것이 아니다. 나는 좋은 책이란 많은 것을 알려주는 책이 아니라 많은 감동을 전해주는 책이라고 생각한다. 당신의 배우자나 자녀에게 이야기하듯 자신이 품고 있는 전하고 싶은 메시지를 적어나가면 된다.

책은 자기계발과 명예, 그리고 부까지 끌어올 수 있는 최고의 방법이다. 자신을 이력서로 소개하고, 자격증으로 보여주고, 명함으로 밝히는 것을 멈추고 책으로 자신을 소개하라. 그 어떤 이력서나 자격증 보다 인상 깊고 화려한 소개가 될 것이다. 책을 쓰기 위한 준비물은 필요 없다. 자격 또한 필요 없다. 지금 당장 시작하기만 하면 되는 것이다. 모든 책의 시작이 그러했음을 기억하자. 언젠가 어디에서 기분 좋은 날 자신의 책이라며 내게 건네며 인사하는 당신을 만날 수 있기를 나는 기대한다.

꿈꾸는 사람은 포기하지 않는다

누군가 명문 대학인 옥스퍼드 대학에서 졸업식 축사를 한다. 열광적인 환영인사를 받으며 천천히 연단에 올라선다. 모두가 침묵을 하며 그가 입을 열기를 기대하고 있다. 드디어 그가 위엄 있게 한 마디를 외쳤다.

"Never give up!"(포기하지 마라!)
그의 목소는 너무나 힘 있고 우렁찼다.

"Never, never, never, never, never, never, never give up!"(절대로, 절대로, 절대로, 절대로, 절대로, 절대로, 절대로 포기하지 마라!)

그는 그 말만을 남기고 연단에서 내려왔다. 하지만 청중은 우레와 같은 박수로 보답했다. 그는 바로 2차 세계대전을 승리로 이끈 영국의 수상 "윈스턴 처칠"이었다.

////

"위대한 사람의 꿈은 결코 그대로 성취되지 않으며
늘 그 꿈을 뛰어넘는 성과를 가져온다"

////

어느 날 신이 당신에게 나타나 "너는 13번째에 복권 1등에 당첨될 것이다. 그러니 포기하지 말고 계속 복권을 사라."라고 한다면 당신은 13번째까지 복권을 살 것인가? 사지 않을 것인가? 당신은 분명히 살 것이다. 그렇지 않은가? 13번째이든 130번째든 1300번째든 상관이 없다. 신이 확실히 몇 번째에 당첨될 거란 얘기만 해준다면 반드시 당신은 분명 그 횟수만큼 포기하지 않고 복권을 살 것이다.

이제 복권을 빼고 당신의 꿈을 집어넣어 보자. 당신은 지금 꿈을 향해 몇 번째 도전을 하고 있는가? 이루어질 거란 생각으로 몇 번까지 시도해 보았는가? 당신은 단지 몇 번째에서 복권이 당첨될지 모르는 것뿐이고, 몇 번의 시도 끝에 그 꿈이 이루어질지 모르고 있는 것뿐이다. 하지만 정말 중요한 건 절실히 원하는 그 꿈은 반드시 이룰 수 있다는 것이다. 당신은 그것을 전제로 모든 것을 준비해야 한다는 것이다. 언제나 기억해야 하는 건 바로 이 한 가지일 뿐이다.

"당신이 절실히 원하는 건 분명히 이루어진다"

이것만 기억하면 절대 포기하지 않는다. 분명히 이루어질 것을 믿고 있다면, 당신의 가슴속 깊이 이것을 확신하고 새겨둔다면 몇 번의 시도 끝에 성공하게 되는지는 상관이 없게 된다. 그게 13번째든 130번째든 1300번째든 횟수는 상관없이 당신은 이루어질 것을 알고 있기 때문에 포기하지 않고 계속해서 시도하고 도전할 것이다. 그리고 당신이 알아야 하는 건 꿈이 13번째에 이뤄진다고 해서 그 과정에 있는 12번을 그냥 실패한 것이라고 치부해선 안 된다는 것이다. 꿈이 13번째에 이루어졌다면 12번의 시행착오를 겪었기 때문에 13번째에 이루어질 수 있었음을 기억해야 한다. 12개의 계단을 하나씩 하나씩 올라설 때마다 분명히 작든 크든 하나씩 하나씩 배우고 성장해 왔다. 그렇기에 마침내 13번째에 성공할 수 있었음을 잊지 말아야 한다.

이제 막 3, 4번째 계단에 들어선 당신이 "난 못해.", "할 수 없어.", "이 길은 나와 맞지 않는 것이 분명해."이런 말로 멈춰 서고 포기하는 건 성공으로 가는 계단을 스스로가 무너뜨리는 짓이다. 3번째, 4번째 계단을 올라설 때마다 분명하게 차곡차곡 성공으로 가는 계단은 쌓여가고 있음에도 불구하고 성급하게도 그 계단을 무너뜨려 버린다. 그렇게 되면 어떤 계단을 다시 오르든 간에 계단의 첫 계단부터 다시 올라가야 한다는 것이다. 대개 성공하지 못하는 사람들이 이런 행동을 계속해서 반복한다.

하지만 정말 원하는 꿈이라면 절대 포기해선 안 된다. 나 역시 그 오랜 시간 동안 병마와 싸우며 죽을 고비를 몇 번이나 넘기고, 갖은 생활고에 시달리면서도 여기까지 올 수 있었던 건 단지 포기하지 않았기 때문이다. 포기하지 않고 그 계단을 끝까지 밟아 온 덕분에 지금 당신이 읽고 있는 이 책을 출간할 수 있게 된 것이다.

누군가는 몇 번째 만에 성공하고, 누군가는 몇 백 번의 시도 끝에 성공하는 것은 결코 신의 추첨 같은 행운이 아니다. 『영혼을 위한 닭고기 수프』의 저자인 잭 캔필드는 이렇게 말한다.

////

"세상의 모든 꿈은 숙성 기간이 다르다."

////

세상의 모든 꿈은 이루어지는 시기가 다를 뿐 포기하지 않는다면 언젠가는 반드시 이루어진다. 누군가는 12개의 계단을 올라서서

13번째에, 누군가는 129개의 계단을, 또 누군가는 1299개의 계단을 올라선 다음에야 이룰 수 있다.

하지만 내 꿈이 다른 사람에 비해서 더 늦어진다고 해서 슬퍼하거나 좌절할 필요도 없다. 많은 계단을 오른 뒤에 성공한 사람은 그보다 더 많은 걸 깨닫고 배워왔기 때문에 더 높고 크게 성공할 수 있음을 명심해야 한다.

우리는 세계에서 가장 성공한 발명가인 토머스 에디슨을 알고 있다. 그는 세계에서 가장 위대한 발명품 중 하나인 전구를 만들어냈는데 그 성공에 이르기까지 수천 개의 계단을 올랐었다. 그는 자신의 성공에 대해 이렇게 얘기했다.

"난 단 한 번도 실패한 적이 없다. 단지 결과가 좋지 않았던 수천 번의 실험이 있었을 뿐이다. 그건 학습이기도 했다. 좋은 결과를 얻기 위해서 충분한 학습을 거쳐야 했던 것이었다. 단번에 성과가 나오지 않는다고 실패로 여겨 포기하고 '난 어쩔 수 없어'라는 결론을 내리는 것이 과연 올바른 결론인가? 좋은 결과를 얻으려면 충분히 학습해야 한다. 사람들은 실패를 두려워한다. 과거의 실패한 경험이 있으면 더욱 그렇겠지만 풀 죽어 있을 필요가 전혀 없다. 나는 오직 전구 하나를 만들기 위해 수천 번을 [실패]했다."

에디슨은 백열전구라는 꿈을 향해 수천 개의 계단을 올라섰다. 그리고는 명실 공히 세계에서 가장 큰 성공을 이룬 사람이 되었다. 하지만 그가 만약 실험에 실패하고 거기서 멈췄다면? 몇 번의 시도 끝에 실패에 좌절하고 포기했다면 우리는 분명 지금 같은 시대에 살고 있지 못 했을 것이다.

원하는 결과가 나오지 않을 수도 있다. 하지만 이젠 그것을 즐겨라. 그저 원치 않는 결과가 나올 때마다 더 큰 성공을 위한 밑거름이 되어가고 있다는 것만 기억하고 절대 포기하지 마라.

나는 당신에게 이 말을 꼭 전하고 싶다. 물론 포기하지 않고 성공의 계단까지 올라가는 길은 쉬운 길이 아니다. 열심히 계단을 오르다 보면 지치고 힘들 때도 있을 것이다. 그럴 때는 잠시 쉬어 가도 좋고, 조금 울어도 괜찮다. 하지만 절대 거기서 포기해선 안 된다. 포기는 언제나 누구나 할 수 있는 간단하고 쉬운 일이다. 나는 당신이 언제나 누구나 할 수 있는 그런 쉬운 일이 아닌 끝까지 포기하지 않고 계속 믿고 올라갈 수 있는 그런 멋진 사람이 되었으면 한다. 멋진 사람에게는 언제나 멋진 삶만이 준비되어 있고, 좋은 사람에게는 늘 좋은 세상만이 펼쳐지기 때문이다.

이제 당신도 그런 멋진 사람이 되리란 걸 믿어 의심치 않는다.

즐거운 것이 좋은 것이다

우리는 이 땅에 태어난 이상 풍요롭고 즐거운 삶을 살아야 한다. 풍요로움은 많은 것을 축적했다고 풍요로운 것만은 아니며 즐거운 것은 좋은 일이 생겨야만 즐거운 것이 아니다. 이것은 삶을 바라보는 방식의 문제이고, 풍요롭고 즐거운 삶을 살아가기 위해 필요한 모든 것을 이미 가지고 있다는 것을 깨닫는 인식의 문제다.

당신이 겪는 모든 경험들은 자신을 위한 것이다. 시련과 고난은 당신에게 지혜를 주고 성장에 필요한 양분이 되어 준다. 당신은 이 모든 것을 즐겁게 바라볼 수 있어야 한다. 심리학자들은 단 하나의 감각, 느낌이라는 감각만이 있고 나머지 감각은 이 감각에서 발생된 것에 불과하다고 했다. 당신이 즐거운 감각을 형성시키기 시작하면 즐거운 것에 관련된 감각이 살아나면서 기분 좋고 즐거운 일들이 형성되기 시작한다. 사람은 동시에 긍정과 부정을 만들어내지 못하기 때문에 즐거운 감각에 집중하면 부정적인 감각은 막혀있게 된다.

빛이 있으면 어둡지 않은 것처럼 풍요로운 곳에서는 가난이 존재할 수 없다. 마찬가지로 즐거운 곳에서는 괴로움이 존재하지 않는다. 부정적인 의식 속에서 즐거움은 존재할 수 없다. 생각을 바꾸어야 한다. 생각이 바뀌면 변화한 의식에서 그에 걸맞은 요건들이 점점 모여들기 시작하고 새로운 상황들이 생겨나기 시작한다.

////

"더 없는 기쁨을 느끼는 일을 하라.
장벽뿐이던 곳에 우주가 문을 만들어 주리라."

- 조지프 캠벨 -

////

일본에 시바타 도요라는 할머니가 계셨다. 시골에서 외롭게 혼자 살아가고 있던 할머니는 81세에 남편과 사별을 하고 아들의 권유로 90세가 넘은 나이에 시를 쓰기 시작했다. 그녀는 글쓰기에 특별한 경력이나 배움도 없었다. 그저 하루하루를 시를 쓰는 것을 낙으로 삼고 위안으로 삼았다. 그렇게 써온 시를 그녀 나이 99세에 본인의 장례비용으로 뒀던 100만 엔으로 자비 출판하기로 한다. 그렇게 나온 시집이 『약해지지 마』이다. 그녀는 102세의 나이로 별세하셨지만 그녀가 낸 시집은 일본에서만 158만 부의 판매고를 기록하며 현재까지 일본 사람뿐만 아니라 세계 많은 사람들에게 깊은 감동을 주고 있다.

도요 할머니는 나이에 상관하지 않고 자신의 즐거움을 따라갔다.

90세가 넘는 나이에도 시를 쓰는 즐거움을 따라갔으며 자신의 장례비용으로 모아두었던 100만 엔을 많은 사람들에게 전할 수 있는 즐거움을 따라 시집을 만드는데 모든 돈을 썼다. 그리고 그 결과를 보라.

『신과 나눈 이야기』의 저자 닐 도날드 월쉬는 "기쁨, 사랑, 자유, 행복, 웃음 바로 그것이다. 당신이 앉아서 한 시간 동안 명상하면서 기쁨을 느낀다면, 그렇게 하라. 살라미 샌드위치를 먹으면서 기쁨을 느낀다면, 그렇게 하라!"(시크릿 中에서)라고 했다.

자신의 삶은 즐거워야 한다. 삶은 행복해야 한다. 그러기 위해 우리는 이 땅에 태어났다. 인생은 즐거운 것이다. 당신의 인생이 즐겁지 않아야 할 이유는 전혀 없다. 즐거움을 따라가는 인생을 살아가다 보면 경이로운 일들이 펼쳐진다. 세상을 바라보는 관점을 달리했을 뿐인데도 세상은 크게 변하기 시작한다. 세상 속에 당신이 존재하는 것이 아니라 당신을 중심으로 세계가 형성되어 있는 것이다. 모든 이들이 그렇게 자신의 세계를 형성하고 있다.

"행복해서 웃는 게 아니라, 웃어서 행복한 겁니다."

나는 이 말을 굉장히 싫어했었다. '나는 지금 아파 죽겠는데 웃으라고? 웃음이 나올 리가 없잖아!' 이렇게 생각하며 말도 안 되는 소리로 치부했다. 그런 것이 가능할리 없다고 생각했다. 하지만 지금의 나는 이 말을 전적으로 동의한다. 그리고 누구보다 이 말을 열심히 전파하고 있다.

내가 이 뜻을 이해하기 시작한 건 대학교를 다닐 때 댄스동아리 활동을 할 때였다. 동아리에 늘 웃고 다니는 동기 여학생이 한 명 있었다. 그 무렵의 나는 모든 것에 비관적이고 음침했기 때문에 늘 웃고 있는 그 학생이 신기하게 여겨졌다. 동아리에 있을 때면 먼 발치에서 그 아이를 지켜보며 어떻게 저렇게 늘 즐거울 수 있을까 생각했다.

그러던 어느 날, 동아리 선배가 공연이 잡혀 신입생 중에서 테스트를 해서 한 명을 무대에 세우겠다고 했다. 우리 동기들은 며칠 동안 합숙을 하며 테스트 준비를 같이 했다. 그런데 테스트를 며칠 앞두고 한참 열심히 연습 중인 우리들을 갑자기 선배가 집합시켰다. 그리고는 갑자기 군대 휴가 나온 선배를 공연에 올리게 돼 테스트가 취소됐다며 우리에게 양해를 구했다. 연습한 곡은 정기공연 때 무대에 올려주겠다며 우리를 달랬다. 그날 밤, 동기들은 술자리를 벌여 서로를 위로했다. 우리는 모두 짜증을 내며 너무하다는 둥, 이건 아니지 않느냐는 둥 투덜거리고 있었는데 늘 웃고 다니던 그 친구가 "그래도 덕분에 안무 하나는 배웠잖아. 동기들끼리 돈독하게 된 계기도 됐고. 좋게 생각하자."며 이 상황을 즐기자고 했다. 그 말에 난 이 친구는 모든 일을 긍정적으로 받아들인다는 것을 깨닫게 됐다.

그리고 시간이 흘러 공연 전 날이 됐고 어느 날처럼 동기들과 연습실에 모여 있었다. 그런데 갑자기 선배 한 명이 급하게 들어오더니 늘 웃고 다니던 그 친구를 다급하게 불렀다. 연습 중에 선배 한 명이 다쳐서 공연을 못하게 됐는데 그 선배의 안무 파트가 그 친구가 연습하던 파트였던 데다가 체격이 선배와 비슷해 그 친구가 대신 공연에 서야 하는 상황이 된 것이었다.

그 순간 나는 술자리에서 했던 그 친구의 말이 떠올랐다. 모두가 불평, 불만을 할 때 그 친구만이 그 상황을 긍정적으로 받아들였었다. 그런데 하필이면 그 친구가 했던 안무 파트에 체격이 비슷한 선배가 다쳐 그 친구가 무대에 서게 된 것이었다. 나는 확신을 가졌다. 모든 상황은 긍정적으로 바라볼 때 긍정적인 상황이 생긴다는 것을.

그 친구는 '행복해서 웃는 게 아니라, 웃어서 행복하다.'라는 말을 이해하고 있음이 분명했다. '밝은 성격이라서 언제나 저렇게 웃을 수 있고, 긍정적으로 생각할 수 있구나.' 생각했지만, 언제나 긍정적으로 받아들였기 때문에 늘 웃으며 밝은 성격을 유지할 수 있는 것이었다.

생각은 성격으로 드러난다. 그리고 성격은 환경을 만들어내는 자석이다. 즐거운 것을 따라가고 있는지 알아보려면 자신의 성격이 어떤지를 돌아보면 된다. 자신이 어떤 일이든 긍정적으로 받아들이는 성격인가? 잘 웃는 편인가? 쉽게 욱하는 편은 아닌가?

이근우 저자의 『세상은 절대 당신을 포기하지 않는다』에 보면 재밌는 일화가 있다.

어느 허름한 옷차림의 노부부가 하버드 대학의 총장실을 찾아갔다. 하지만 비서는 노부부의 겉모습만 보고는 총장에게 보고도 하지 않은 채 바쁘다는 이유로 만남에 부정적인 입장을 취했다. 그러자 노부부는 그럼 시간이 날 때까지 기다리겠다고 대답하고 조용히 자리에서 기다렸다. 어느덧 해가 저물자 당황한 비서가 뒤늦게 총장을 찾아갔고 노부부는 마침내 총장을 마주하고 얘기 할 수 있었다.

"우리 아들이 1년 정도 이곳을 다녔는데 하버드를 무척 사랑하고 이곳에서의 시간을 무척 행복해했습니다. 그런데 얼마 전 사고로 갑자기 세상을 떠났습니다. 그래서 저희가 캠퍼스 내에 건물을 하나 기증하면 좋겠다는 생각으로 이 자리에 왔습니다."

"건물이라고요? 건물을 하나 세우는데 어느 만큼의 돈이 드는지 알고나 하시는 말씀이십니까? 현재 하버드에는 건물 하나에 750만 달러에 달하는 건물들이 들어차 있습니다."

총장의 태도에 잠시 할 말을 잃은 부인이 남편을 바라보며 입을 열었다.

"여보, 건물 하나 세우는데 고작 750만 달러밖에 안 든 다네요. 그렇다면 차라리 우리가 대학교 하나를 세우는 게 더 낫겠어요."

당혹해하는 총장의 얼굴을 뒤로하고 노부부는 곧장 캘리포니아로 날아가 자신들의 이름을 딴 대학교를 설립했다. 그 대학교가 바로 미국 서부의 대표적인 명문이자 실리콘밸리의 산실인 스탠퍼드 대학교다.

만약 총장이 무엇이든 감사하게 여기고, 긍정적으로 받아들이는 성격이었다면 어땠을까? 하버드 전체 건물을 새로 짓는 일이 생겼을 수도 있었을 것이다. 하지만 그는 부정적인 성향을 가지고 있었고, 그것으로 인해 자신에게 온 행운을 걸어차 버렸다. 총장이 즐거움을 따라가고, 기쁨을 따라가는 삶을 살았다면 노부부를 겉모습만 보고 제안을 비웃지도 않았을 것이며 기쁘게 받아들이고 감사히 받았을 것이다.

우리의 삶도 기쁨으로 돌아보고, 기쁨을 따라가다 보면 기적 같은 일들이 펼쳐지게 되어있다. 행운이 따르는 사람은 언제나 긍정적으로 바라보는 사람이다. 즐거워해라. 삶은 즐거워야 한다. 삶은 언제나 당신에게 무언가를 주려고 한다. 삶이 당신에게 무엇을 주려 할 때 그것의 색깔은 당신이 정하는 것이다. 그리고 그것은 당신이 어떤 색을 입고 있느냐에 따라 달라진다.

세상이 당신에게 무언가를 주려 할 때 당신은 과연 어떤 색을 입고 있을 것인가? 지금의 당신은 과연 어떤 색을 입고 있는가?

3장

꿈을
이루는
1℃

관계를 회복하기로 결심하다

고등학교를 다닐 때 나는 꽤나 짜증나는 녀석이었다. 친구들의 의미 없는 말에도 매번 시비가 붙고, 장난으로 하는 행동에도 자주 싸움을 하기도 했다. 키도 작고 몸도 불편한 탓에 친구들이 나를 무시한다고 여겼던 것이다. 자존심만 유달리 강해서 싸워서 이기지도, 제대로 싸우지도 못하는 주제에 매번 시비가 붙어 싸우기 일쑤였다(덕분에 깊게 어울리는 친구가 별로 없었는데 그래도 끝까지 이런 나를 친구라 여기며 지금까지 함께 해준 친구들에게 이 글을 빌어 고마움을 전한다).

이러한 이유로 친구관계가 원만하지 않던 나는 친구들과 다투고 나면 꼭 이런 생각을 했는데 '키가 작다는 이유로 날 우습게 보다니! 내가 몸만 안 아팠어도 이렇게 대하진 않았겠지! 나쁜 새끼.' 그렇게 언제나 나는 연약해 보이는 나의 모습 때문에 친구들이 그렇게 행동한다고 생각했다. 내가 키만 크다면! 몸만 건강했다면! 싸움을 잘했다면! 그런 생각으로 언제나 날이 선 상태로 친구들을 대해 왔다.

그러던 어느 날 여느 때나 다름없는 쉬는 시간이었다. 우연히 내 눈에 두 친구의 모습이 보였는데 평소 친한 사이였는지 한 녀석이 다른 녀석에게 다가가더니 "뭐하노?" 하면서 뒤통수를 치는 것이었다. 그 모습을 본 나는 맞은 친구가 분명 짜증을 내며 화를 낼 거라고 생각했다. 뒤통수를 맞은 친구가 굉장히 자존심 상해할 것이라고 생각했기 때문이었다.

하지만 맞은 친구는 내 예상과는 달리 아무렇지 않게 맞은 뒤통수를 긁적거리며 "왔나? 매점이나 가자."라며 웃으며 교실 밖을 나섰다(오해하지 말기를 두 친구들의 모습은 정말 친한 친구들끼리의 모습이었으며 괴롭히거나 왕따를 시키는 그런 모습이 절대 아니었다).

이 모습은 나를 반성하게 만들었다. '아, 저렇게 반응할 수도 있는 거구나. 맞았다고 해서 굳이 화를 내지 않아도 전혀 자존심 상할 일이 아니구나. 지금까지 늘 나 혼자 민감하게 반응하고 남이 아닌 나 스스로가 피해 의식에 사로잡혀 있었던 거구나.' 이런 생각으로 말이다.

가만히 돌이켜 생각해 보면 키가 작다고 몸이 안 좋다고 나를 내려다보고 우습게 본다고 생각했던 건 언제나 나 자신이었다. 그 누구도 나에게 대놓고 키가 작다고 몸이 안 좋다고 우습게 여기거나 무시하는 그런 일은 없었던 것이었다. 잘못되어 있던 건 그들이 아니라 나였다는 걸 알게 되었다.

그날 이후로 스스로에게 여유를 갖자고 계속 되새겼다. 친구가 하는 말 한마디 한마디에 신경 쓰지 말고 하는 행동에 갖은 의미를 부여하지 말자고 생각했다. 그저 같은 위치에서 같은 마음으로 같은 걸 공유하고 있는 친구라고 생각하기로 했다. 내가 일일이 모든 것에 민감하게 반응하지 않아도 아무도 나를 무시하거나 우습게 보지 않는다고 믿기 시작했다.

그렇게 여기며 하루하루를 보내다 보니 점차 친구 관계가 개선되어 갔다. 싸우는 일이 극도로 줄었으며 같이 이야기를 하고 보낼 수 있는 시간이 늘어갔다. 무엇보다 친구들이 연락 오는 횟수가 확연히 늘었다. 그리고 신기하게도 친구들이 내가 싫어했던 말이나 짜증 냈던 행동들을 딱히 내가 말한 적이 없음에도 점차 하지 않기 시작했다. 내가 바라보는 관점을 달리하고 마음을 달리 먹자 환경이, 세상이 바뀌기 시작한 것이다.

////

"마음이 좁은 사람은 가벼운 비난에도 화를 낸다.
그러나 분별력을 지닌 사람은
자신을 비난하는 사람이나 질책하는 사람에게서
자기가 이루지 못한 것을 열심히 배우려고 노력한다."
- 데일 카네기 -

////

자신의 주위를 돌아보면 최대한 마주치고 싶지 않은 사람이나 좋지 않은 관계를 개선하고 싶은 사람이 있다는 걸 금방 알 수 있다. 우리는 상대방에 대한 단점을 보거나 상대방의 불평을 하는 것에 너무나 익숙해져 있기 때문이다. 그런 상대방은 친구, 가족, 형제 혹은 배우자나 자녀든 가리지 않는다.

"이 사람은 말투 때문에 대화를 하고 싶지 않아."

"그 사람은 좀 재수 없어."
"걔는 나를 자꾸 괴롭혀서 짜증나."

그 이유는 상당히 다양하겠지만 결론은 하나같이 나를 짜증나게 하는 것들이다. 그리고 그것이 어떤 상황이든 나를 짜증나게 하는 원인은 언제나 내가 아닌 타인에게 집중되어 있다. 하지만 이것은 심각한 오류중 하나이다.

우리가 알아야 할 것은 모든 관계는 나로부터 시작됐고, 모든 상황은 나로 인해 벌어진다는 점이다. 내가 모든 탓을 친구에게로 돌리며 친구의 행동을 부정하고 비판했을 때는 아무런 개선도 되지 않았다. 하지만 나 자신이 생각을 바꾸고 받아들이기 시작하자 상황은 급격하게 바뀌기 시작했다. 이것은 인간관계뿐만 아니라 대부분의 상황에서 적용된다. 당신이 지금 어떤 상황에 처해 있든 인식을 바꾸는 것만으로도 상황은 충분히 달라질 수 있다는 점이다.

우리는 원효대사의 해골물 이야기를 너무 잘 알고 있다.
원효대사가 당나라의 유학길을 가던 길에 해가 지고 소낙비가 내려 어떤 움집에 들어가 하룻밤을 지내게 되었다. 한밤중에 원효대사가 심한 갈증을 느껴 주위를 더듬거리던 중 손끝에 그릇이 닿아 그 그릇에 담긴 물을 마시고는 다시 잠이 들었다.

다음 날, 날이 밝아 자신이 마신 그릇에 담긴 물을 보자 그 그릇은 해골이었고, 그 그릇에 담긴 물은 고인 썩은 물이었음을 알게 되었다. 원효대사는 구역질이 올라와 구토를 하기 시작하였다. 그러던 중 깨달음이 있어 원효대사는 구역질을 멈추고 고개를 들며 웃으며 말했다.

"밤중의 마음과 아침의 내 마음이 다르지 않을 터인데 모를 때는 시원하던 것이 알고 나서는 기분이 좋지 않으니 더럽고 깨끗한 것이 사물 자체에 있는 것이 아니고 마음에 있는 것이 아닌가? 모든 것은 마음이 만드는 것이란 걸 이제 깨달았네."

모든 건 마음먹기에 달렸다고 배웠던 이 이야기를 우리는 누구나 알고 있다. 하지만 대부분 이 배움을 본인의 상황에 적용하진 않는다. 현실을 부정하고, 타인을 비판할 뿐이다. 나 역시 내 건강과 외모만을 부정하며 타인의 탓으로 돌리기도 했다. 이런 상황을 바꾸기 위해 화도 내고 싸우기도 했지만 상황은 전혀 나아지지 않았다.

하지만 나 자신을 개선하기 시작하자 모든 상황이 바뀌기 시작했다. 당신이 지금 어떤 상황에 있든 이것을 적용할 수 있다. 돈이 없든, 건강하지 못하든, 애인이 없든, 회사 상사와 좋지 않든, 그 어떤 상황이든 상관이 없다. 중요한 건 언제나 외부적인 것이 아니라 내부적인 것이기 때문이다.

모든 상황의 개선은 그렇게 내면에서 시작해야 한다. 어떤 사람에게 문제가 있다고 해서 그 문제를 당신이 풀어줄 수 없듯이, 당신의 문제도 그 누군가가 아닌 자신만이 그 문제를 풀 수 있는 것이다. 심지어 더러는 당신 자신의 문제를 풀었을 때 다른 사람의 문제도 해결되는 경우까지도 있다.

당신이 평소 짜증 내고 싫어했던 사람과의 관계를 개선하기 위해 자신의 내면에서부터 바라보는 걸 달리하고, 행동을 바꾸기 시작하자 그 사람과의 관계가 개선되었다. 그건 당신의 문제도 해결된 것이지만, 상대방 입장에서도 '평소 짜증 나고 싫던 녀석이 갑자기 괜찮게 변했어'라는 생각과 함께 문제가 해결된 것이기 때문이다.

상대방을 바꾸는 건 굉장히 어려운 일이다. 하지만 나를 바꾸는 건 그렇게 하기로 결정 내리기만 하면 되는 쉬운 일이다. 같은 상황이라도 당신이 어떻게 받아들이고 어떻게 생각하는지에 따라 결과는 상대적으로 나오기 마련이다.

내면이 비어져 있는 상태에서 뭔가를 나눈다는 것은 억지다. 당신의 내면부터 채워야 타인에게도 나눠줄 수 있는 것이며, 당신 내면에 긍정이 깃들어야 긍정적인 상황이 발생한다. 모든 것이 이렇게 내면에서부터 시작되는 것이다. 부, 사랑, 건강, 친구 모든 것이 그렇다. 당신이 뭔가를 바꾸고 싶다면 그만큼 당신은 당신의 내면으로 들어가야 한다. 당신 안에 있는 그 넓고 무한한 우주로 말이다.

꽃으로 살겠다고 선포하라

새벽 3시경, 오토바이 2대가 한산해진 도로 위를 질주한다. 반대쪽 차선을 넘어가기도 하면서 위태로운 곡예운전을 이어간다. 2대의 오토바이는 앞서거니, 뒤서거니 하다가 나란히 서서 달리기 시작한다.

"야, 우리 이러다가 죽으면 어쩌지?"
"그럼 우린 그것 밖에 안 되는 남자지."

두 친구는 큰소리로 웃으며 한산한 도로를 새벽이 끝날 때까지 달려간다.

이 이야기는 20대 초반의 나와 내 친구의 이야기다. 나의 20대는 화려했다. 무서울 것도 없었고, 두려운 것도 없었다. 몸이 아파 누워만 있던 10대의 시간을 보상받기라도 하려는 듯 하루하루 정말 미친 듯이 놀고 즐겼다. 이 시절 나는 나쁜 짓도 많이 했었다. 싸우기도 많이 했고, 여자 친구와 쉽게 만나고, 쉽게 헤어지기도 일쑤였다. 위에서처럼 친구들과 함께 오토바이를 타고 타고 다니며 하루하루를 정말 열심히 놀았다. 나를 포함한 5명을 '동물농장'이라 칭하고 포항 시내를 누볐다. 우린 정말 재미있게 놀았다. 우리

가 노는 걸 지켜보고는 자신도 동물농장에 넣어달라고 하는 사람
도 종종 있었다.

그러던 어느 날, 여느 날과 다름없이 그날도 동물농장과 함께였
다. 밤새 도로를 질주하고, 바다를 안주 삼아 모래사장에 앉아 깡
소주를 마시며 아침을 맞이하고 있었다. 곧 해가 떠오르기 시작
하고, 모래사장이 붉은빛으로 물들기 시작했다. 힘차게 솟는 해를
한참 바라보다가 고개를 돌렸는데 순간 내 눈에 쓰레기가 쌓여있
는 모습이 눈이 들어왔다.

잔뜩 쌓여있는 쓰레기는 터진 쓰레기와 음식물로 굉장히 지저분
했다. 그 주위에는 이름도 모를 벌레들이 득실거렸고, 파리들이
날아다녔다. 그런데 아이러니하게도 3m 정도 떨어진 지점에는
꽃이 피어있었다. 너무나 대조적인 그 모습에 넋을 놓고 한참을
바라봤다. 그렇게 내가 한참을 정신을 놓고 바라보고 있자 친구
가 뭐 하냐며 그만 돌아가자고 했다. 쓰린 속을 달래고 우린 각자
의 집으로 헤어졌다. 밤새 놀며 돌아다닌 탓에 집에 오자마자 씻
고 잠자리에 들었다.

하지만 유난히 잠이 쉽게 들지 않았다. 머릿속이 복잡했다. 아까
바닷가에서 본 그 장면이 계속 머릿속에서 맴돌았다. 그리고 웬일

인지 마음이 편하지 않았다. 그 모습은 며칠이 지나도 계속해서 나를 괴롭혔다. 그 장면을 다시 떠올리며 왜 그런지 생각해 보았지만 도통 알 길이 없었다.

나는 다시 그 장소에 가보기로 했다. 친구들과 함께 가 아닌 혼자서 다시 그 장소를 찾았다. 그 장소는 달라진 게 없었다. 여전히 쓰레기는 넘쳐났으며, 조금 떨어진 장소에는 여전히 이름 모를 꽃이 피어 있었다. 그 순간 한 마리의 나비가 내 옆을 스쳐 지나가며 내가 바라보고 있던 꽃으로 향하더니 꽃봉오리에 살며시 앉았다. 그 모습을 바라보던 나는 작은 탄식을 하게 되었다.

"아......"

나는 생각했다. 저 쓰레기 더미는 마치 지금의 나와 같다고, 앞으로도 계속 이렇게 산다면 벌레와 파리 같은 일만 꼬이게 될 거라고, 하지만 내가 저 꽃과 같은 사람이 되려 한다면 분명 나에게도 나비같이 행복하고 좋은 일들만 찾아올 것이라고.

내가 쓰레기통 안에 있으면서 나비가 다가오길 바라는 건 모순이다. 내가 이해받고 싶다면 상대방을 먼저 이해해주어야 한다. 내가 사랑받고 싶다면 먼저 사랑을 주어야 한다. 내가 좋은 여자를 만나고 싶다면, 먼저 멋진 남자가 되어야 한다. 내가 무언가를 받고 싶다면, 먼저 주어야 한다. 모든 인간관계와 인과관계가 이렇게 이루어져 있다.

"난 당신이 이런 식으로 말하지 않았으면 좋겠어."
"난 당신이 이렇게 행동하는 게 너무 싫어."

나와 배우자는 결혼 초반에 이런 말을 하며 자주 말다툼을 하곤 했다. 언제나 서로가 원하는 것만을 주장하며 소비적인 싸움을 계속했다. 같은 일로 반복적인 싸움이 계속되자 나는 생각을 바꿨다. 배우자에게 바라는 모습으로 내가 먼저 되어 보기로 했다. 그러자 상황은 달라지기 시작했다. 싸움은 확연히 줄어들었으며 배우자는 어느새 원하던 모습으로 바뀌어 있었다. 어떤 상황이든 그게 누구든 원하는 게 있거나 원하는 모습이 있다면 언제나 자신이 선행되어야 한다. 그것이 상황을 바꾸는 가장 빠른 방법이자 유일한 길이다.

언제나 중요한 건 자신이다. 당신이 쓰레기 같은 사람이 되기를 명령했다면 그렇게 될 것이다. 하지만 당신이 꽃 같은 사람이 되겠다고 명령을 내린다면 그 또한 그렇게 될 것이다. 당신은 자신에게 행복하고 즐거운 일들만 일어나길 바라는가? 사랑스럽고 좋은 사람들 사이에 있기를 바라는가? 그렇다면 당신이 어떤 명령을 내려야 하는지 알고 있을 것이다. 당신의 대답은 오로지 이 한 가지밖에 없다.

////

지금부터 꽃으로 살겠다고 선포하라

////

그렇게 하면 꽃으로 살겠다는 당신에게 나비들이 날아들기 시작한다. 꽃이 된 당신은 꽃의 향기를 퍼뜨리기 시작한다. 그리고 그 향기에 매료된 모든 것들이 향기에 이끌려 다가오게 될 것이다. 그런 식으로 당신은 점점 그 꽃에 어울리는 것들과 함께 하게 된다.

유유상종이란 말이 있다. 지금 당신 주위에 가장 가까운 지인 5명을 떠올려 보라. 그 5명의 평균치(성향, 사회적 위치, 재물, 능력)가 지금의 당신이고, 그것이 당신의 현주소다. 그리고 가장 중요한 것은 그 5명은 당신이 내뿜는 향기에 이끌려 다가왔다는 것이다. 사람은 저마다 내뿜는 파장이 있는데 각자 자신을 중심으로 자신의 파장을 뿜어내고 있으며 그 파장은 서로 맞는 파장끼리 끌어당기는 힘이 있다. 그렇기 때문에 내가 원하는 파장이 있으면 원하는 파장에 맞게 자신의 파장을 바꿔야만 자신이 원하는 것을 끌어당겨올 수 있다.

언제나 모든 것의 시작은 자신이자 내면이다. 우리에게는 무궁무진한 에너지가 있다. 모든 사람에게는 전 세계를 일주일 동안 밝힐 수 있는 에너지가 있다고 한다. 이 에너지를 어떻게 쓰느냐에 따라 성공의 유무도 갈려진다. 그리고 이 에너지의 방향키는 자신의 신념이자 사상이다. 성공의 가장 빠른 지름길은 타인의 성공을 돕는 길이라 했다. 타인의 성공을 돕기 위해 뿜어내는 에너지가 결국 자신을 성공에 이르게 한다는 것이다.

우리는 무엇을 하고 무엇을 꿈꾸든 언제나 외부가 아닌 내면을 향해 들어가야 한다. 모든 것은 그곳에 담겨 있으며, 모든 것은 그곳에서부터 시작된다. 보이지 않을 때일수록 눈을 감고, 힘들 때일수록 가슴을 열고, 두려울 때일수록 미소를 지어야 한다. 언제나 모든 길은 당신 안에 있음을 기억해야 한다.

////

"사건과 상황의 발단은 우리 스스로에게 있다.
그것은 우리가 뿌린 씨앗으로부터 자라나기 때문이다."

- 헨리 데이비드 소로 -

////

뜨거운 꿈은 길을 밝혀준다

"난 서울로 올라가기로 했어."

여느 날과 다름없는 친구들과의 술자리였다. 하지만 시끌벅적한 분위기가 나의 한마디로 인해 적막이 흐르기 시작했다.

"왜 갑자기? 가서 뭐 하게?"
"그냥 지금 난 이렇게 우리가 매일 만나서 웃고, 놀고, 즐기면서 보내는 게 너무 행복하고 좋아. 하지만 그렇다고 여기 이 자리에서 계속 안주하고 있으면 우린 분명히 언젠가는 아무도 웃을 수도, 즐길 수도, 어울려 놀 수도 없게 될 거라 생각해. 그래서 난 서울로 가서 음악을 배우기로 결심했어."

이 날은 내가 친구들에게 서울로 가겠다고 선언한 날이다. 이 날 이후 서울로 올라갈 여비를 만들기 위해 아르바이트를 시작했고, 부모님과 서울에 혼자 살고 있던 형님께 허락을 받았어야 했다. 부모님께 음악을 배우러 서울로 가겠다는 말을 드리자 펄쩍 뛰며 반대하셨다. 음악은 어릴 때부터 악기도 배우고, 끼도 있어야 한다고 생각하셨고, 어릴 때부터 워낙 몸이 안 좋았던 탓에 부모님과 떨어져 살아본 적도 없었기 때문에 걱정이 크셨던 것이다. 그래도 포기하지 않고 며칠을 계속해서 설득하자 서울에 있는 형님한테 허락을 받을 수 있으면 가도 좋다고 하셨다.

곧장 채비를 하고 서울에 계신 형님에게로 향했다. 갑자기 찾아온 탓에 조금 놀란 듯 했지만 호프집에 들어서 형님께 내가 올라온 이유에 대해서 설명했다. 떨리는 마음으로 허락을 기대했지만 형님의 의견은 반대였다. 순간적인 마음으로 올라오려는 건 아닌지 다시 한 번 생각해 보라는 것이었다. 조금 실망한 채로 다시 포항으로 돌아왔지만 나는 포기하지 않았다. 오히려 그때부터 서울 갈 채비를 마련하기 위해 더욱 열심히 일을 했고, 반드시 올라가겠다는 일념으로 하루하루를 지냈다. 그런 나를 지켜보던 성택이라는 친구가 하루는 이런 얘길 했다.

"상우야, 요즘 너를 보면 스펀지 같다는 생각이 든다."
"스펀지?"
"응, 마치 주위 사람들의 장점을 다 빨아들이려고 하는 스펀지 같아서 요즘 너를 보면 정말 대단하다는 생각이 든다."

친구의 말은 더욱 더 나를 확신에 차게 만들었다. 나의 열정이 주위 사람들이 볼 수 있을 만큼 크다는 생각에 더 자신감이 차올랐다. 그렇게 몇 달동안 열심히 일을 하며 돈을 모으면서 올라갈 준비를 하며 지낸 뒤, 다시 형님이 계신 서울로 향했다.

몇 달 전 갑자기 서울로 올라와 얘기를 나눴던 같은 호프집 같은 자리에 다시 앉아 서울로 올라오겠다는 나의 마음을 전했다. 이런 저런 말을 구태여 길게 하지 않았다. 그저 서울로 오겠다는 말을 다시 했을 뿐이었다. 그런데 형님은 잠시 고민을 하더니, 결국 올라오는 것을 허락해 주었다. 시간이 흘러 왜 그때 아무 말 없이 허락해 주었냐고 물어보자 형님은 이렇게 대답하셨다.

"처음에 네가 서울에 올라오겠다고 말을 했을 때와 몇 달 뒤에 다시 서울에 오겠다고 말을 했을 때 너의 눈빛, 표정, 말투 모든 게 다 달라있었거든. 몇 달 뒤에 다시 올라온 넌 자신감과 확고한 의지가 느껴질 만큼 가득 차 있었거든."

만약 내가 꿈을 품지 않았다면 서울에 올라갈 생각조차 하지 못 했을 것이다. 내겐 아무런 준비도 되어있지 않았고, 낯선 곳에서 살 용기도 없었기 때문이다.

하지만 꿈을 품기 시작하자 그런 건 아무 상관이 없었다. 오직 올라가는 것만을 생각하고 지금 내가 할 수 있는 것을 하면 꿈이 반드시 이루어진다고 믿을 뿐이었다. "안돼"라는 말은 귀에 들어오지도 않았고, 그런 말들은 결코 나를 지치게 할 수 없었다. 꿈을 이루기 위해 나의 모든 것을 열어 받아들이려고 했고, 내가 원하는 꿈에 나를 맞추려고 노력했다. 그건 누군가가 꿈을 이루기 위해선 그렇게 해야 한다고 말해서 그런 것이 아니라 꿈을 품자 자연스럽게 그렇게 되어간 것이다.

////

"꿈이 이루어지지 않을 때는 꿈꾸지 않을 때뿐이다."
- 에머슨 -

////

꿈을 가지고 행동하는 사람에게는 그 기운이 느껴지는 법이다. 그리고 그 꿈이 명확하면 명확할수록 기운은 더 강하게 느껴지며 그 기운들은 꿈을 이룰 수 있는 환경을 조성한다. 사람에게는 180억 개의 뇌세포가 있는데 명확한 꿈을 가지는 순간 제 기능을 발휘하기 위해 제 각기 움직이기 시작한다. 이르고 싶은 곳이 어디인지, 성취하고 싶은 것이 무엇인지 명확하게 꿈을 품는 다면 그 다음은 점차 원하는 꿈에 이를 수 있도록 저절로 환경이 만들어지기 시작하는 것이다. 그런 환경이 조성되면 보다 더 큰 꿈을 품을 수 있게 되고, 그렇게 꿈의 순환이 계속해서 이루어지게 된다. 이 순환에 올라탄 사람들은 행복한 열정으로 가득 차게 되기 때문에 늘

생동감 있고, 희망찬 기운이 뿜어져 나옴을 느낄 수가 있다. 그래서 명확한 꿈을 갖고 있는 사람과 그렇지 않은 사람은 확연히 드러나게 되는 것이다.

내겐 오랜 친구인 M군과 T군이 있는데 M군은 예전부터 자신의 꿈이 확고했다. 본인이 가고 싶은 길이 명확했으며 본인의 꿈을 얘기하는데 막힘이 없었다. 자신의 꿈에 자부심이 가득 차 있었다. 그에 비해 T군은 명확한 꿈이 없었다. 그냥 사업이나 했으면 좋겠다며 자신은 잘 먹고 잘 살 수 있으면 그뿐이라고 말했다. 우린 어릴 때부터 서로의 비전에 대해서 많은 얘길 하곤 했는데 그런 얘기를 할 때마다 M군은 항상 본인이 하려는 일에 구체적이고 자신 있게 얘길 했다. 마치 다 이룬 것처럼 행복한 모습으로 약간 흥분되어 말을 하곤 했다.

하지만 이런 얘기가 나올 때마다 T군은 말수가 급격히 줄어들곤 했다. 구체적인 계획이나 비전도 없었으며 목소리에는 힘이 없었고, 쭈뼛거리기 일쑤였다. 누가 봐도 확실한 꿈이 없음이 느껴졌다. 몇 년이 지난 지금 이 두 친구의 생활은 확연히 차이가 나 있다.

M군은 자신의 분야에 최고로 뽑히는 교수 연구실의 연구원으로 멋진 고급차를 몰고 다니며 자주 해외여행을 다녀오곤 한다. 반

면, T군은 불안정한 계약직으로 불규칙한 수입에 늘 불안해하고, 종종 파업을 해야 한다며 서울에 한 번씩 올라오곤 한다.

당신은 어떤 삶을 살고 싶은가? 선택은 자신의 몫이다. 지금 당장 10분 더 공부하고, 1시간 더 일하는 것이 중요한 게 아니다. 일단 명확한 꿈을 그려야 한다. 명확하면 명확할수록 꿈꾸는 대로 이루어질 것이다. 어떻게 이루어지는지 알 필요는 없다. 당신이 꿈을 그리는 순간 온 우주는 당신을 위해 움직인다. 당신은 그저 꿈을 꾸고, 더 명확하고 간절하게 꿈을 그리면 되는 것이다.

이루어진다고 상상하면 가슴이 두근거려 잠도 못 자고, 흥분이 되고 감동해서 눈물이 날 만큼 간절하고 큰 꿈을 꾸어라. 그런 꿈을 품는 순간부터 당신은 멈추지 않는 엔진을 단 것이며 시들지 않는 꽃을 가슴에 피운 것이다. 그 꿈이 명확해지는 순간 당신은 이미 성공한 것이다.

두 마리 토끼를 잡아야 할 때도 있다

꿈을 찾았다면 그 길에 들어서기만 하면 된다. 하지만 지금 당신이 그 길에 들어서기에는 상황이 여의치 않을지도 모른다. 당신이 '나는 영어선생님이 되고 싶다'라는 꿈을 찾았지만 당신의 현실은 이른 아침부터 늦은 시간까지 눈코 뜰 새 없이 바쁜 시간을 보내고 있을 수도 있다. 하지만 꿈을 이루기 위해서는 영어공부를 해야 하고, 그러기 위해서는 바쁜 시간에도 틈틈이 공부할 수 있는 시간을 만들어야 한다.

꿈을 이루기 위해 필요하다면 토끼가 두 마리든 세 마리든 잡기 위해 나서야 할 때도 있다. 그것이 열정이고 인내이며 노력이다. 자신에게 익숙하고 안전한 영역에만 머물러 있으면 위험을 감수할 필요가 없어지고, 위험을 감수할 필요가 없어지면 변화의 움직임도 없어져 버리게 된다. 변하지 않게 되면 성장 역시 할 수 없게 된다. 겉보기에는 그 영역에 머물러 있으면 안전해 보이겠지만 실상은 자신에게 전혀 도움이 되지 않는 상황일 뿐인 것이다.

////

"위험을 무릅쓰고 멀리 나아가고자 하는 사람만이
자신이 도달할 수 있는 가장 먼 지점을 발견한다."

////

인간은 무한한 힘을 가진 존재다. 당신은 자신이 생각하는 것보다 훨씬 큰 힘을 가지고 있다. 그게 무엇이든 간에 원하는 것을 이룰 수 있는 힘이 있다. 그런데 왜 자신은 성공하지 못하냐고 묻는다면 나는 한 치의 망설임도 없이 이렇게 대답할 것이다.

////

"자신의 한계가 분명하게 존재한다고
스스로 믿고 있기 때문입니다."

////

사람들은 자신의 힘을 너무 과소평가하고 있다. 성공하지 못하는 이유를 묻는 자체가 자신의 한계를 인정하는 질문이다. 자신감을 가져라. 떠올려보면 지금 이 자리에 오기까지도 수많은 장애물을 넘어서고, 위기를 극복해 왔다는 것을 알 수 있을 것이다. 그런데 이제 와서 무엇이 두려운가? 과거 수많은 장애물과 위기가 닥칠 때마다 당신은 극복할 수 있을지 두려웠을 것이다. 하지만 지금 당당히 모든 것을 넘어선 당신이 있다. 떠올리며 '그땐 그랬지'라며 웃어넘기는 지금의 자신을 보라. 성장하고 강해진 자신을 알 수 있다.

당신이 더욱 자신감을 가지기 위해서는 의식적으로 작은 목표를 정하고 그것을 이루는 습관을 들이는 것이 좋다. 크기가 작든 크든 목표를 정하고 그 목표 앞에 높여진 장애물을 넘어 승리할 때마다 자신의 힘을 믿게 되고 자신감은 더욱 커지게 될 것이다. 힘은 마음가짐으로 결정된다. 성공의 마음가짐을 갖고 흔들리지 않는 결단력으로 그 마음가짐을 유지한다면, 자신이 무엇이든 이룰 수 있다는 용기가 생기게 된다. 그 용기가 다시 모든 것을 긍정적으로 보게 만들면서 어느새 성공으로 가는 긍정적 순환열차에 오르게 되는 것이다.

두 마리의 토끼를 잡는다고 해서 한 번에 두 마리를 잡을 수는 없다. 목표로 세운 두 마리의 토끼를 한 마리씩 잡아들여야 한다. 효율적인 방법으로 최대한 빠른 시간 안에 말이다. '회사와 영어공부'라는 두 마리의 토끼를 잡겠다고 목표를 두었다고 해서 회사의 업무시간에 영어공부를 해서는 안 된다. 몸이 두 개가 아닌 이상 한 번에 두 마리의 토끼를 향해 달려갈 수 없듯이! 회사 업무에도 최선을 다할 수가 없고, 영어공부에도 큰 효율을 올릴 수가 없다. 결국 두 마리 토끼 전부 놓치게 돼버리는 것이다.

서점에 가보면 꼭 전업이 작가인 사람만이 책을 쓰는 것은 아니라는 걸 잘 알 수 있다. 자신의 분야에서 최선을 다하면서 틈틈이 자신의 이야기를 책으로 쓰는 사람도 굉장히 많다. 그들이 바로 두 마리의 토끼를 잡은 좋은 예다. 최근에 나온『엄마의 꿈이 아이의 인생을 결정한다』의 김윤경 작가 역시 그런 경우다. 김윤경 작가는 현재 존슨앤드존슨 북아시아 디지털 혁신 총괄이사로 근무를 한다. 하지만 두 마리의 토끼를 잡기위해 매일 새벽 5시에 출근하고 저녁 10시에 퇴근하면서도 틈틈이 자신의 경험을 바탕으로 엄마가 꾸는 꿈이 아이에게 어떤 영향을 끼치는지를 담은 책을 썼고 결국 출간까지 할 수 있게 되었다. 그 결과 대학과 기업의 강연, 각종 세미나 등으로 제 2의 인생을 맞이하고 있다. 지금 그녀는 자타공인 '꿈 전도사'로 더할 나위 없이 행복한 삶을 살고 있다.

두 마리의 토끼를 잡는 것은 결코 쉬운 일이 아니다. 힘들고 어렵고 버거울 때도 있다. 하지만 힘든 만큼 그 이상의 보답을 해주는 것 역시 분명한 일이다. 잡아둔 토끼에게 먹이만 주고 있으면서 새로운 일을 기대할 수는 없다. 새로운 일이 일어나기를 바란다면 새로운 토끼를 잡으러 나서야 하는 법이다. 그리고 새로운 토끼를 잡을 때마다 업그레이드된 자신을 발견할 수 있게 될 것이다.

살아가다 보면 가끔씩 토끼가 스스로 곁으로 다가오는 경우도 있다. 이것이 바로 삶을 살면서 만나게 되는 '기회'라는 것이다. 하지만 이것조차도 토끼를 잡을 준비를 하고 있지 않으면 놓쳐버리게 된다. 토끼가 옆에 왔다 하더라도 아무 준비도 하고 있지 않다가 급하게 손을 뻗어 잡으려 한다면 토끼를 놓쳐버리기 십상이기 때문이다.

내가 음악을 하기 위해 서울로 갈 결심을 하고 난 뒤, 내가 가장 먼저 해야 했던 것은 돈을 모으는 것이었다. 나는 바로 야간 아르바이트를 시작했고 아르바이트를 하는 내내 그 돈을 최대한 쓰지 않고 모았다. 그렇게 아르바이트를 한 지 3달 정도가 됐을 무렵 일본어에 대한 관심이 생기기 시작했다. 예전 몸이 아파 집에만 있던 시기에 매일 누워서 보던 일본 애니메이션과 드라마를 통해 일본어를 많이 접했지만 실제로 구사할 수 있는 일본어는 초급 수준이었던 지라 혼자 일본 여행을 갈 수 있을 정도의 회화를 하고 싶다는 꿈이 생긴 것이었다.

나는 돈이 많이 들지 않으면서 일본어를 배울 수 있는 곳을 찾았고, 곧 동호회 형식의 일본어 모임을 찾을 수 있었다. 그곳에서 차값 정도만으로 사람들에게 간단한 단어와 회화를 배울 수 있었다. 밤에는 아르바이트로 밤을 새우고 잠깐의 잠을 자고 난 뒤 다시 일본어를 배우러 나갔다. 몸은 피곤했지만 나 스스로 서울에 가기 전에 일본어를 자유롭게 구사하고 말겠다는 목표를 세운지라 배움을 멈추지 않았다.

그렇게 3개월이 지나자 어느 정도 일본 사람과 대화를 나눌 수준까지 회화 실력이 늘었다. 그리고 어느덧 서울로 올라갈 시간은 한 달 정도가 남아있었다. 그런데 그때 고민에 빠지게 되는 일이 생겼다. 바로 일본 여행 때문이었다. 같이 공부하던 사람들이 일본행 티켓이 싸게 나와 같이 가지 않겠냐고 권유한 것이었다. 내가 처음 일본어를 공부하겠다고 생각한 것도 혼자서 일본 여행을 갈 수 있기 위함에 시작한 것이었고, 꼭 한 번은 일본에 가보고 싶다고 생각했던지라 그 권유가 솔깃하게 들렸던 것이었다. 게다가 지금 내게는 서울에 가기 위해 모아둔 돈이 있지 않았던가? 하지만 일본 여행을 가게 되면 1년 치 학원비가 3개월 치 학원비로 줄어들어 버리게 된다. 그렇게 되면 계획대로 한 달 뒤에 서울에 가더라도 한 달 안에 학원을 다니며 아르바이트를 해서 나머지 학원비를 벌어야 한다는 것을 의미했다. 나는 고민했지만 결국 두 마리의 토끼를 잡기로 결심했다. 일본 여행을 다녀온 뒤 계획보다 며칠 더 일찍 서울에 올라가 아르바이트를 하면서 학원을 다니기로 결심한 것이었다.

그렇게 다녀온 일본 여행은 내게 많은 것을 선물해 주었다. 처음가 본 해외여행. 그리고 처음 본 또 다른 세계. 내가 서울에 올라가기 전에 넓고 높은 꿈을 품을 수 있는 자극제가 되어 주었다. 그렇게 일본에서 희망을 품고 온 나는 서울에 올라가서도 긍정적인 마인드로 모든 일을 접할 수 있었고, 서울에서의 모든 일도 나의 기대보다 순조롭게 흘러갔다. 나는 지금까지도 서울에 오기 전 일본에 갔다 온 경험을 소중하게 여긴다. 그때 일본에 갔다 오지 않았다면 과연 내가 세계를 목표로 둔 꿈을 설정할 수 있었을까? 서울이 제일 큰 틀이라고 여기는 우물 안 개구리가 되어 있지는 않았을까?라는 생각을 한다.

두 마리의 토끼를 잡기 위해서는 용기와 열정, 노력이 동반되어야 한다. 그리고 설령 당신이 두 마리의 토끼를 잡지 못 했다 하더라도 두 마리의 토끼를 잡기 위해 흘린 땀만큼, 이끌어낸 용기만큼 당신은 성장할 것이다. 그리고 성장한 만큼 다음번의 당신은 두 마리가 아닌 세 마리의 토끼를 잡을 수 있는 노하우와 실력을 갖추게 될 것이다.

일어서라. 눈앞에 보이는 토끼를 잡아라. 그 토끼를 잡을 때마다 당신은 레벨업이 되어간다. 그리고 당신이 잡아둔 토끼가 쌓여가는 것을 눈치채는 순간 당신은 이미 성공의 자리에 앉아있는 자신을 발견할 수 있을 것이다.

급변인사(急變人死), 불변인사(不變人死)

어린 시절 어느 날 엄마에게 이렇게 물었다.
"엄마, 아빠의 가장 큰 장점이 뭐야?"

그러자 엄마는 일체의 망설임도 없이 대답하셨다.
"엄마가 단점을 지적해주면 고치려고 노력한다는 점!"

엄마는 자랑하듯 신이 나서 말을 이었다.

"단점을 말해준다고 바로 고치긴 힘들지. 오랜 시간동안 몸에 배어버린 것들을 하루아침에 고치기가 어디 쉽겠니? 하지만 몇 번을 거듭해가며 나아지려고 노력하고 그러다 보면 어느샌가 그 단점을 넘어선 한층 더 멋있어진 아빠로 변해 있지. 그리고 그 무엇보다 틀에 박혀 귀를 막고 듣지 않는 사람이 아니라 엄마의 쓴소리에도 귀를 기울이고 받아들이는 그 마음이 참 고맙고 대단한 거같아."

아직 어린 나에게 엄마의 대답은 꽹장히 감명 깊게 다가왔다. 그때까지만 해도 내게 있어 장점이라는 것은 '키가 크다, 남자답다, 의리 있다' 이런 의미였는데 엄마의 대답은 생각지도 못한 '단점을 고치려고 하는 점'이었던 것이다. 지금껏 내가 봐 온 아버지는 많은 장점을 가지신 분이었다. 하지만 엄마는 그중에서도 가장 큰 장점으로 '단점을 고치려고 하는 점'을 뽑은 것이었다.

이 날 이후로 '변화'는 내 인생의 슬로건이 되었다. 그리고 '변화'라는 뿌리에서 나온 나의 신념 중 하나가 바로 '급변인사(急變人死), 불변인사(不變人死)'이다. 거창하게 한자로 표현했지만 뜻은 이러하다.

////

"사람이 갑자기 변하면 죽는다지만,

변하지 않는 인간은 죽은 것과 다름없다"

////

사람은 늘 변해가야 한다는 것이다. 물론 더 좋은 쪽으로 말이다. 점차 머리가 굵어지면서 그날 엄마와의 대화는 내게 더 큰 의미로 다가왔다. 단순히 단점을 고치려는 점이 아니라 나이가 들어가면서도 누군가의 조언에 귀를 기울이고 늘 발전하려 노력한다는 것은 결코 쉬운 일은 아니라는 것을 알 수 있었기 때문이다.

나이가 들어가며 자신의 신념이나 사상으로 만들어 낸 틀은 무너지기도 변화되기도 결코 쉽지 않다. 몇 십 년 동안 그렇게 믿고 알고 있던 것을 누군가가 갑자기 "그건 아냐!"라고 말한다고 해서 쉽게 그 말에 동의하고 인정하는 사람이 어디 흔하겠는가? 오히려 10대나 20대들은 이런 것들이 심해져 자신만이 옳다고 외치는 어른들을 속칭 '꼰대'라 부르고 있지 않은가?

자신의 신념과 사상을 지켜나가는 것이 결코 나쁜 것만은 아니다. 오히려 주변의 어떤 환경에서도 꺾이지 않고 흔들림 없이 나아갈 수 있는 줏대와 잣대는 분명 필요한 부분이다. 단지 주변의 충고와 조언에 귀를 기울여 자신이 만들어 놓은 신념과 사상이란 틀을 더 크고 넓고 웅장하게 만들 필요가 있다는 것이다. 변해가야 한다는 것은 바로 이런 식의 변화를 의미한다.

사실 자신만의 신념과 사상을 바탕으로 틀을 만드는 것은 그것만으로도 훌륭한 일이다. 많은 사람들이 자신의 신념과 사상 자체를 가지고 있지 못한 경우도 많이 있다. 우리는 종종 자신의 일임에도 자신이 결정하거나 판단하는 것조차도 하지 못해 남에게 맡겨버리는 경우를 보게 되는데 이것이 바로 자신만의 신념과 사상을 구축하지 못 해서 그런 것이다.

자신만의 신념과 사상은 오랜 시간 동안 자신이 보고, 듣고, 겪으면서 알게 되고, 믿게 되고, 인정하게 된 것들을 바탕으로 틀을 구축하게 되는데 어릴 적부터 자신의 체험을 통해 알게 된 것들은 무시당한 채, 누군가가 "이건 이런 거고, 저건 저런 거야"라는 식으로 결과를 정해 버리거나 아이가 자존감에 심하게 상처를 입게 되는 경우 커서도 자신의 신념과 사상을 구축하는 것에 대해 힘들어하기도 한다.

인간은 기본적으로 불안한 심리를 멈추고 싶어 하는 심리를 갖고 있기 때문에 변화를 두려워하는 양상을 보이기도 한다. 그래서 변화에는 용기가 필요하다. 지금의 나를 이해하고 인정해야 하며 변화로 인해 내가 더 성장할 것이라는 믿음이 필요하다. 물이 가득 찬 그릇이 있다고 생각해보자. 각기 다른 형태를 가진 그릇에 담겨 있는 물은 그릇의 형태에 따라 모두 다른 형태로 담겨 있다. 당신이 그릇에 담긴 물의 형태를 바꾸고 싶다면 그릇의 형태를 바꿔줘야 하며 그릇에 물을 더 붓고 싶다면 그릇의 크기를 바꿔줘야 한다. 당신이 지금과는 다른 모습의 내가 되고 지금보다 더 나은 내가 되고 싶다고 여길 때처럼 말이다.

내가 결혼한 지 얼마 되지 않아 집사람에게 우울증 증세가 온 적이 있었다. 처음에는 집사람이 우울증이라는 생각은 전혀 하지 못하고 계속해서 한숨만 쉬고 짜증만 내는 태도에 나 역시 불만이 쌓여갔다. 그런 날이 반복되자 이대로는 안 되겠다는 생각이 들어 집사람을 카페로 불러내 대화를 시도했다. 나는 도대체 뭐가 불만이고 뭐 때문에 그러냐고 다그치듯 물었다. 대화를 하자고 부른 자리에서 나는 대화가 아닌 화만 내고 있었던 것이었다. 그런 태도에 집사람은 대화하기를 거부했다. 나의 예상과는 달리 대화는 진행되지 않고 상황이 더 악화되어 갔다. 그 순간 직감적으로 나의 태도를 바꾸지 않으면 안 될 것 같다는 생각이 들었다. 그래서 다그치던 나의 행동을 바로 멈추고 마음 깊숙이 진정으로 집사람의 얘기에 경청하겠다는 마음으로 태도를 바꿨다. 그러자 계속해서 대화를 거부하던 집사람이 드디어 자신의 마음을 드러냈다. 많은 얘기를 했지만 그 중에 내게 가장 크게 들어온 말이 있었다.

"난 요즘 하루하루 살아가는 게 하나도 행복하지 않아."

이 말은 큰 충격으로 다가왔다. 우리는 꽤 오랜 시간 연애를 했고 서로가 누구보다 잘 이해하고 사랑해서 결혼을 했는데 나와 살고 있는 이 시간이 행복하지 않다니! 내게는 그 말이 너무 큰 충격이었다. 더 이상 누구의 잘잘못을 따지는 게 중요하지 않았다. 나는 이 사람과 결혼을 할 때 행복하게 해 주겠다 약속을 했다. 하지만 지금 그 약속을 지키지 못하고 있는 것이었다.

이 날, 이 말을 계기로 나는 변하려고 노력했다. 30년 동안 몸에 배어 온 습관, 버릇 이런 건 아무래도 좋았다. 그저 사랑하는 사람을 행복하게 해주고 싶었다. 단순히 잘해주고 단발성 이벤트를 해주는 것이 아닌 내게 박혀있던 남편이란 이미지의 틀을 깨고, 신념을 유연하게 만들어 집사람이 행복할 수 있는 모습으로 변해가려 노력했다. 그렇게 변하겠다고 하루아침에 갑자기 다른 사람처럼 변할 수는 없었지만 실수를 거듭해 나가더라도 조금씩, 조금씩 변해가기 위해 노력했다. 집사람이 하는 말들을 경청하고, 그저 내가 만족하는 이기적인 모습이 아닌 진정 상대방을 배려하고 이해하려 하는 모습으로 바뀌려고 노력했다.

////

"현재의 우리를 이해하기 전까지,
미래의 우리를 향해 나아갈 수 없다."

– 샬럿 길먼 –

////

우리는 딸 주아와 함께 세 가족으로 행복하고 살고 있다. 집사람은 결혼 초의 나의 모습과 현재의 나의 모습을 비교하며 좋은 사람으로 변해왔다고 말해준다. 그리고 나는 그런 그녀에게 앞으로도 더 좋은 모습으로 변해갈 것을 약속한다. 지금도 우리는 가끔 서로의 의견이 맞지 않아 다툼이 생기곤 한다. 하지만 그럴 때마다 나는 반드시 집사람의 말을 경청한다. 그리고 잘못된 부분이 있다면 인정을 하고 변해갈 것을 약속한다.

변하지 않는 건 없다. 이 시대도 환경도 빠르게 변화하고 있다. 당신이 변하는 것을 멈춘다면 급변하는 이 시대에 서서히 따라가지 못하게 될 것이다. 더 이상 변화는 선택의 문제가 아니라 필수적인 요소라고도 할 수 있다. 사람은 늘 좋은 쪽으로 변해가야 한다. 현재의 자신을 이해하고 인정하고 지금보다 더 나은 모습을 위해 변해가야 한다. 변화에 크고 작은 것에 의의를 둘 필요는 없다. 중요한 건 사소한 것이라도 변하려고 하는 마음이며 변하려고 하는 용기다. 그 마음과 용기에서 피어나는 에너지가 당신을 긍정적으로 만들어 주며 성공으로 이끌어주는 원천이 되어 준다. 이제 이것을 이해하고 변화를 즐기는 당신의 하루가 적어도 오늘이 어제보다 좀 더 멋있고, 내일은 오늘보다 좀 더 현명해진 그런 하루가 될 수 있기를 바란다. 그 변화의 길에서 성공으로 가는 지름길 역시 찾아내길 기도하면서 말이다!

외로울수록 잘하고 있는 것이다

나는 사람들과 어울려 노는 것을 좋아한다. 20대 중반까지는 삼일에 하루는 밤새 놀 정도였다. 술을 마시진 못하지만 술자리를 좋아하고, 수다 떠는 것을 좋아한다. 그 때문일까? 사람들은 나를 보고 사교성이 많고 활발하다는 말을 많이 한다. 하지만 나는 사실 눈치도 많이 보고 겁도 많다. 그리고 사람들과 어울리는 것 이상으로 혼자만의 시간을 갖는 것을 좋아한다. 내가 계획한 일을 방해받는 것을 좋아하지 않기 때문이다.

사람들과 어울리며 대화를 나누고 함께 웃고 즐기는 것은 분명 즐거운 일이다. 하지만 언제나 그 자리에 머물러 있을 수는 없다. 사람들과 어울리는 시간은 앞으로 나아가기 위한 충전의 시간으로 삼아야 한다. 우리는 삶의 방향을 즐기는 것이 아닌 성장에 맞추어야 한다. 그리고 당신이 삶의 방향을 성장에 맞추는 순간부터 일부 사람들과 원하지 않아도 조금씩 멀어지는 것을 느낄 수도 있게 된다.

사람은 제각기 자신이 갖고 있는 파장이 있다. 그리고 서로 비슷한 파장끼리 어울리게 되어있다. 지금 당신 곁에 가장 가깝게 지내고 있는 사람들이 바로 당신과 비슷한 파장을 갖고 있는 사람인 것이다. 지금까지 비슷한 파장으로 서로를 끌어당겨 자주 어울리고 함께 했지만, 당신이 성장으로 파장을 바꾸기 시작하면 서로 맞지 않는 파장으로 인해 점점 멀어지기도 한다. 이때 상대방 역시 자신의 파장을 성장에 맞추면 좋겠지만 그렇지 않은 경우에는 멀어질 수밖에 없는 것이다.

예를 들어, 지금까지 궁합이 잘 맞아 거의 매일 함께 놀고 어울린 친구가 있다고 가정해보자. 오랜 시간 그렇게 지내왔고 둘도 없는 친구라고 생각해왔다. 하지만 어느 날 당신은 이런 식으로 하루하루를 보내는 것이 의미가 없다는 생각이 들었다. 취업 준비도 해야 하고, 공부도 해야겠다고 마음을 먹은 것이다. 당신은 다음 날부터 도서관을 다니기 시작하고, 학원을 다니기 시작했다. 하지만 친구는 여전히 매일 연락이 오고 같이 놀자고 한다. 당신도 같이 놀고 싶지만 학원을 빠질 수도 없고 도서관에 가는 것이 더 우선이라 여겨져 친구의 부름을 계속해서 거절하게 된다. 그렇게 한두 번 친구의 부름에 거절을 하게 되자 점점 친구의 연락은 뜸해지고 어느 순간 돌아보니 최근 그 친구와의 연락이 전혀 없었다는 것을 깨닫게 된다.

내게도 비슷한 경험이 있다. 내가 포항에 있을 때 거의 하루도 빠지지 않고 함께 보낸 친구가 있었다. 매일 함께 시간을 보내고 함께 웃었고 함께 울었다. 서로의 가족사에서부터 연애사까지 모르는 것이 없을 정도였다. 둘도 없는 친구였고, 서로를 누구보다 잘 이해했다. 그러던 어느 날 나는 성장을 위해 서울에 올라가겠다고 친구에게 말했다. 그리고 얼마 지나지 않아 나는 서울에 올라왔다. 하지만 친구 역시 성장을 선택하고 서울로 올라왔다.

우리는 여전히 같은 파장을 보내고 있었기 때문에 서울에서도 굉장히 자주 만나며 서로에게 피드백이 되어 주었다. 하지만 오래가지 않아 친구는 사정상 다시 포항으로 내려가게 됐고 그 후 친구는 환경적인 이유로 성장하는 것을 멈췄다. 나는 그 이후로도 꾸준히 성장을 선택했고 얼마 지나지 않아 결혼까지 하게 됐다. 내가 결혼까지 하게 되자 그 친구와의 파장은 더욱 맞지 않게 되었다. 친구는 나의 생활을 이해하지 못했고 상황을 이해하지 못했다. 나는 친구에게 계속해서 성장에 대한 얘기를 했지만 더 이상 받아들이려 하지 않았다. 자신의 파장과 맞지 않자 누구보다 자신을 잘 이해했던 나의 말도 더 이상 들으려고도 하지 않았다. 결국 우리는 그저 서로의 삶에 집중하며 멀어질 수밖에 없게 되었다.

이런 식으로 자신과 파장이 맞지 않는 사람과는 자연스럽게 멀어지게 된다. 그것을 느끼는 순간 당신은 외롭게 느껴질 것이다. 늘 함께 해왔고 언제나 함께 할 것이라 믿었지만 이렇게 멀어지는 것이 쓸쓸하고 안타까울 것이다. 심지어는 당신을 비난하고 부정하는 경우까지 생겨 힘들게 할 수도 있다.

////

"그대의 길을 가라.
남들이 무엇이라 하든 내버려두어라"
- 단테 -

////

하지만 당신이 성장의 파장을 보내기 시작하면 같은 성장의 파장을 보내고 있는 또 다른 사람과의 만남이 생기기도 한다. 실제로 음악을 하기 위해 처음 서울에 올라왔을 때 한동안 내 주위에는 온통 음악에 관련된 사람들밖에 없었다. 온통 음악적인 일들과 음악에 관한 얘기로 가득했다. 이후 내가 강연과 집필에 집중하기 시작하자 주위에 작가들이 나타나기 시작했다. 이처럼 당신이 어떤 파장을 보내든 그 파장과 맞는 사람들을 만나기 시작한다. '유유상종'이란 말은 그냥 나온 말이 아니다. 그렇게 될 수밖에 없는 것이다.

성장을 선택한 당신은 딱히 파장 때문이 아니더라도 성장을 위해서 혼자만의 시간을 갖는 것이 중요하다. 혼자만의 시간이라는 표현보다는 자신의 라이프 리듬(Life Rhythm)이라고 표현하는 것이 더 맞을 것이다. 성장을 위해 자신이 설계한 계획에 따라 생활을 하고 그것을 지속적으로 반복하게 되면 라이프 리듬을 타게 된다. 이 라이프 리듬을 타게 되면 더 좋은 리듬을 만들게 되고 이런 식으로 탄력을 받게 되면 성장 속도는 급속도로 빠르게 올라간다. '물이 들어올 때 배를 띄워라'라는 말처럼 라이프 리듬을 탔다면 그 상태를 유지하고 지속하며 계획했던 일을 실행하는 것이 좋다.

가령 당신이 자신의 성장을 위해 오늘부터 기상시간을 1시간 당겨 영어공부를 하기로 했고, 퇴근 후 잠에 들기 전 TV 시청을 하며 잠이 들던 습관을 버리고 2시간 정도 책을 보기로 정했다고 가정해 보자. 그렇게 바뀐 라이프 리듬으로 일주일의 시간을 보냈고, 이렇게 바뀐 라이프 리듬 덕분에 영어가 늘었고, 일주일에 2권 정도의 책을 읽을 수 있게 되었다. 당신은 바뀐 라이프 리듬에 충분히 만족하고 있으며 일주일 사이 자신이 성장했음을 느낄 수 있었다. 그러던 중 어느 날 퇴근 후 얼굴이나 보자는 친구의 연락이 왔다. 한동안 못 만났던 친구의 연락이라 반갑기도 했고 소식도 궁금했던 차였다. 친구와 약속을 잡았고 퇴근 후 친구를 만났다. 친구와 식사를 하고 가볍게 차도 한잔 마셨다. 당신은 지금쯤 슬슬 자리에서 일어나 집으로 돌아가야만 자신이 세운 라이프 리듬이 깨지지 않는다는 걸 알고 있다. 당신 역시 라이프 리듬을 깨고 싶진 않다. 당신이 자리에서 일어나려는 순간 친구는 이런 말을 한다.

"오랜만인데 가볍게 맥주나 한잔하자."

이제 당신은 고민이 생겨버렸다.

친구와의 술자리나 여가의 시간을 가지지 말라는 것이 아니다. 쉬지 않고 달리기만 하는 차는 엔진이 과열되어 다시는 달리지 못하게 되는 것처럼 당신 역시 때때로 쉬어주어야 한다. 하지만 휴식이나 여가의 시간 역시 라이프 리듬에 포함한 것이어야 한다는 것이다.

주변의 분위기에 휩쓸려 충동적으로 자신이 세워 둔 계획을 깨는 것은 좋지 않다. 당신이 일주일 안에 2권의 책을 읽기로 했다면 그 리듬이 깨지지 않는 선에서 움직이는 것이 좋다. 당신이 아침에 6시에 기상하는 것을 라이프 리듬으로 설정했다면 전 날 밤늦게까지 놀아 9시에 기상하는 일은 없어야 한다. "하루 정도야 뭐 어떻겠어?"라고 생각할 수 있겠지만 그 하루가 모여 한 달이 되는 것이고, 한 달이 모여 일 년이 되고, 10년이 된다.

그리고 단순히 하루를 쉬었으니 성공하는 날과 하루 멀어졌다고 생각한다면 큰 오산이다. 라이프 리듬을 깨는 것은 중간에 틀리면 처음부터 다시 시작하는 게임과도 같은 것이다. 라이프 리듬에 탄력을 받은 하루, 하루는 성공까지의 시간을 한 달, 일 년까지도 당길 수 있는 힘이 있다. 그런데도 그 하루를 친구와의 맥주 한 잔을 위해 충동적으로 소비하고 말 것인가?

성공한 사람들은 자신만의 라이프 리듬을 타고 있다. 그리고 자신만의 라이프 리듬에 대해 굉장히 철저하고 엄격하다. 그들은 리듬의 중요성을 너무 잘 알고 있기 때문이다. 그런 그들을 보고 사람들은 "자기관리가 뛰어나다."고 말하는 것이다.

나는 서울에 올라가기로 결심한 날 친구들에게 이렇게 말했다.

"지금 우리가 이렇게 매일 만나서 웃고, 놀고, 즐기면서 보내는 것도 너무 좋아. 하지만 그렇다고 계속 이 자리에 앉아 있다 하더라도 분명히 언젠가 우리는 아무도 웃을 수도, 즐길 수도, 함께 어울려 놀 수도 없게 될 거야. 누가 먼저 가 됐던 결국엔 성장을 하기 위해 이 자리를 하나둘씩 떠날 테니까."

아쉬움에 젖어 그 자리에 머물러 있어선 안 된다. 성장의 길은 반드시 외로운 것만은 아니다. 지금까지 보지 못한 세상을 보게 되고, 지금껏 몰랐던 세상을 깨닫기 시작한다. 오히려 흥미롭고 즐거운 일이 더 많이 생기게 되는 것이다. 우물 속 개구리가 우물 밖으로 나갈 때는 낯선 곳을 향하는 용기와 친구들을 두고 나서는 고독이 필요한 법이다. 그리고 이제 당신이 우물 밖을 향해 나서는 개구리가 되어야 할 차례다.

시간은 언제나 너에게만 없다

성공한 사람들이 가장 값어치 있게 여기는 것은 바로 시간이다. 하지만 반대로 성공하지 못한 사람들은 시간을 가장 의미 없이 쓰곤 한다. 사실은 시간이 금보다 더 비싼 것임을 알지 못한 채 말이다. 그러면서 가장 많이 하는 핑계 중 하나가 바로 '시간이 없다'라는 것이다. 그들은 늘 시간이 없고, 늘 여유가 없다.

왜 언제나 시간이 없을까? 시간이 없다고 말할 만큼 효율적으로 쓰고 있긴 한 것인가? 사람들은 돈을 쓰는 것에 대해서는 굉장히 심사숙고하며 중요하게 생각하지만 시간을 쓰는 것에 대해서는 무신경한 경우가 많다. 하지만 단언컨대 돈보다 시간이 훨씬 중요하며 훨씬 큰 값어치를 지니고 있다.

시간이 돈보다 훨씬 큰 값어치를 가진다는 것을 1997년에 개봉한 영화 〈타이타닉〉의 한 장면을 보면 좋은 예로 나와 있다. 배는 침몰하고 있고 구명보트가 몇 개밖에 남지 않게 되자 부유한 철강 기업가 칼 헉슬리(빌리 제인)는 책임자에게 구명보트를 타게 해주면 큰돈을 주겠다고 말한다. 하지만 책임자는 이렇게 말하며 그의 제안을 거절한다.

"당신의 돈으로 나를 구할 수 없듯이 당신 자신도 구할 수는 없을 겁니다."

돈은 많은 것을 할 수 있게 한다. 돈이 많은 것을 가능하게 하며 많은 기회를 제공해 주는 것은 분명하다. 하지만 타이타닉의 책임자가 말했듯이 돈으로 당신 자신을 구하는 것은 할 수 없다. 배가 침몰하는 몇 초의 시간 동안 당신이 수백억의 돈을 가지고 있다 하더라도 침몰하기 전까지 구조를 받을 수 있는 잠깐의 시간도 살 수 없으며 당신만을 위한 탈출 방법 역시 구할 수가 없다. 당신에게 수백, 수천억의 돈이 있다 하더라도 재깍거리는 죽음으로 향하는 시계를 멈출 수는 없는 법이다. 그렇기 때문에 당신은 돈을 어떻게 할 것인지를 생각하기보다 당신의 시간을 어떻게 쓸 것인지에 더 집중해야 한다. 성공한 사람들은 시간을 가장 소중한 자산으로 여기며 잠시도 시간을 허투루 쓰는 법이 없다.

자, 아침에 일어나서 다시 잠을 청하기까지 자신은 시간을 얼마나 효율적으로 쓰고 있는지 돌아보자. 자신의 삶이라는 시간을 스스로가 통제하고 있는가? 효과적으로 시간을 사용하고 있는가? 현재 자신의 시간이 통제되고 있지 않거나 효과적으로 사용하고 있지 않다고 생각된다면 당신은 지금 옳은 길을 가고 있는 것이 아니다. 당신이 직장을 다니던 사업을 하던 무슨 일을 하든 상관없이 자신의 시간을 통제할 수 있어야 한다. 그렇지 않은 삶을 지속하면 할수록 어디서 누구와 무엇을 하든 성공에 도달하기까지의 시간은 점점 더 늘어나게 된다.

////

"세월은 만인에게 공평하게 주어진 자본금이다.
이 자본을 잘 이용한 자가 승리한다."

- 아뷰난드 -

////

그렇다면 효율적인 시간 활용에 대해서 말해보자. 먼저 성공한 사람들은 새벽시간을 많이 이용한다. 새벽에 일어나 고요함 속에서 가만히 명상을 즐기며 책을 읽거나 하루의 준비를 한다. 새벽의 상쾌함을 느끼며 오늘 하루를 시작할 감정을 조절한다. 종교적으로 봐도 새벽 시간에 기도를 하는 것을 많이 볼 수 있는데 이것은 종교적으로 볼 때 새벽 시간대가 영적으로 기운이 가장 강한 시간대이기 때문이다. 영감은 고요함 속에서 찾아오는 법이다. 성공한 사람들은 때때로 고독을 찾는다. 어떤 문제가 닥쳤다 하더라도 고요함 속에서 해결할 수 있는 영감을 찾는다. 그렇기 때문에 성공한 사람들은 개인 사무실이나 개인 공간처럼 방해받지 않는 곳을 만들어두는 것이다.

하지만 굳이 종교적으로 해석하지 않아도 새벽시간을 잘 이용하면 삶의 활력소가 될 수 있다. 혹자는 새벽에 일어나면 잠이 부족해 하루 종일 흐리멍덩한 상태가 된다고 말한다. 새벽에 일어남으로 인해 잠이 부족해져 업무에 지장을 주게 된다는 것이다. 그렇다면 짧게라도 낮잠을 자는 것이 좋은 해결책이 된다. 잠이 부족하게 되면 집중력도 흐려지게 되고 창의력도 떨어지게 된다. 그러니 새벽에 일어나는 것으로 잠이 부족한 것을 느낀다면 10분에서 30분 정도의 낮잠을 자는 것이 좋다. 20분의 낮잠은 밤잠의 2시간 정도의 효과가 있다. 밤잠을 2시간 줄여 새벽시간을 이용하고 낮잠 20분을 자는 것이 훨씬 시간 효율에 뛰어나다.

베트남 사람들은 주로 새벽 4시나 5시쯤 일어나 활동을 시작하고 오전 11시가 되면 점심 식사를 하는 것이 생활습관이다. 그리고 시에스타 타임(Siesta Time)이라는 낮잠 자는 시간을 정하여 오전 11시에서 오후 2시까지는 가정은 물론 상점, 병원, 약국까지 모두 문을 닫고 낮잠을 즐긴다. 이미 시에스타 타임은 베트남뿐만 아니라 이탈리아, 그리스 등 지중해 근처에 위치한 나라들과 라틴 아메리카 등 많은 나라에서 행하고 있다.

새벽 시간의 활용을 이해했다면 이번에는 짬시간을 이용하는 것이다. 짬시간이라는 것은 우리가 무엇을 하기 위해 기다리거나 준비할 때 나는 틈새 시간을 말한다. 목적지를 향해 이동하는 시간이나 화장실을 갈 때, 심지어 밥을 먹을 때도 짬시간은 난다. 사람마다 다르겠지만 이런 짬시간을 모아보면 하루 24시간 중 2시간 이상의 시간이 나온다. 하루에 2시간을 그냥 보내버리게 되면 일주일이면 14시간이고 한 달이면 이틀이 넘는 시간이다. 한 달에 이틀이 넘는 시간을 아무 의미 없이 버리고 있는 것과 마찬가지란 소리다.

짬시간을 효율적으로 쓰기 위해서는 자신이 하는 일의 중요도와 난이도를 구별할 수 있어야 한다. 일의 중요도와 난이도를 기준으로 일의 순서를 정하고 간단한 업무나 그냥 읽기만 해도 되는 일은 구분해 놓고 짬시간을 이용하여 처리하면 훨씬 일을 수월하고 빠르게 진행시킬 수 있다. 처음에는 이런 방식이 어렵고 답답하게 느껴지겠지만 이 방식에 익숙해지면 잔업 하는 날이 줄고, 퇴근시간이 빨라질 수 있다. 그리고 그렇게 확보된 시간은 또 다시 당신의 자기계발을 위해 사용할 수도 있는 것이다.

우리는 종종 성공한 사람들이 자신이 운전을 하지 않고 운전기사를 두는 경우를 본 적이 있다. 이것은 단순히 부를 누리기 위함보다는 짬시간의 확보를 위한 경우가 더 많다. 이동하는 동안 발생되는 시간을 효율적으로 쓰기 위함이다. 그들은 그런 짬시간이 한 달에 2,300만 원의 금액보다 훨씬 더 가치가 있다고 판단한 것이다.

성공한 사람들은 절대 시간을 값어치 없게 쓰지 않는다. 지금 보내는 이 시간으로 인해 많은 것이 달라질 수 있다는 것을 알고 있다. 그들은 아무 생각 없이 흘러가는 1분, 1초가 수십 억, 수백억을 벌어들이는 시간이 될 수 있다는 것을 안다. 만약 당신이 오늘 하루를 의미 없이 보냈다면 그것은 엄청난 손해를 입었다는 것을 깨달아야 한다.

시간은 삶의 뼈대와도 같은 구성요소다. 그래서 시간을 잘 활용하는 사람이 멋진 삶을 살 수 있는 것이다. 당신을 스쳐 지나가는 시간은 다시는 오지 않는 순간이다. 지금 아무 의미없이 시간을 보냈다면 그 시간만큼의 값어치를 잃은 것이다. 하지만 당신이 원한다면 얼마든지 그 값어치를 잡을 수도 있고, 볼 수도 있다. 당신이 시간의 값어치를 이해하려 하기만 한다면 말이다.

러시아 소설가인 도스토예프스키는 사형 위기에 처했던 적이 있었다. 그는 사형 당하기 직전 주어진 5분을 이렇게 썼다고 한다.

작별 인사를 하는데 2분
인생을 정리하는데 2분

땅과 자연을 둘러보는데 1분

그는 다행히 기적처럼 사형을 면하게 되었고 시간의 소중함을 느끼고 매 순간을 최선을 다해 살았다고 한다. 그리고 '죄와 벌'이라는 위대한 작품을 남기게 된다.

당신은 지금 어떻게 시간을 보내고 있는가? 아무 의미 없이 1분 1초를 보내며 시간이 없다는 핑계만 늘어놓고 있지는 않은가? '오늘은 어제 죽은 이가 그토록 바라던 내일이다'라는 말이 있다. 당신이 그냥 보내버린 시간들은 누군가에게는 간절히 필요한 시간일 수도 있다. 당신이 시간의 소중함을 진정 이해하고 사용한다면 당신의 삶은 이미 성공한 것이라고 나는 확신한다. 그리고 시간의 소중함을 이해한 당신에게 시간은 분명 다른 형태로 보답하리란 것 역시 확신한다. 사랑이 받으면 받을수록 돌려주고 싶어 하는 마음인 것처럼 말이다.

물은 99℃에서는 끓지 않는다

대한민국 최초 세계 피겨스케이팅 금메달리스트이자, 세계 신기록 11번을 수립한 세계 최고의 피겨스케이팅 선수 김연아. 그녀는 대한민국의 자랑이자 우리의 자부심이기도 하다. 일부에선 다시는 나오지 않은 천재적인 선수라고 칭하기도 하고, 그녀의 점프력이나 연기력은 타고났다고 하는 사람들도 있다.

하지만 그녀가 남긴 전무후무한 기록은 갑자기 하늘에서 선택받은 운이 좋은 선물 같은 것이 아니라 그녀가 지금까지 누구보다 성실히 해 온 과정의 일부였을 뿐이다. 일주일 기준에 일반적인 선수 훈련시간이 24시간 정도라면 그녀는 48시간을 연습했을 정도로 노력파였으며, 정식 연습장도 없는 열악한 환경 속에서도 추위에 떨며, 배고픔을 참으며, 부상을 이겨내면서 훈련을 감행해왔던 것이다.

김연아 선수가 무릎팍 도사에 출연했을 때 "야식은 언제 먹는 건가요?"라고 말할 만큼 체중 관리와 자기 관리에 철저한 선수였다. 그녀가 이룩한 모든 기록은 참고, 감안하며 노력해 온 모든 노력의 과정에 놓여 진 결실 중 하나였던 것이다.

많은 사람들이 어떤 분야에서든 성공한 사람을 마주하게 되면 부럽다는 생각을 많이 한다. '나도 저 사람처럼 외제차를 타고 싶어', '나도 저 사람처럼 유명해지고 싶어', '나도 저 사람처럼 부유하게 살고 싶어' 눈앞에 보이는 결과만을 가지고 부러워하며 닮고 싶다고 여긴다. 그들이 그런 결과물을 만들어내기까지 지나온 과정이나 노력에는 관심을 기울이지 않은 채 말이다.

성공은 노력한 사람에게 발생되는 과정의 일부일 뿐이다. 대부분의 사람들은 결과만을 보고 그들을 치켜세우지만 과정이 없으면 결과도 없는 법이다. 그들은 위험을 무릅쓰고 도전을 했고 불안을 견뎌왔고 실패를 극복해왔다. 하지만 그들이 보여주는 이슈거리나 사건들은 그 과정보다는 결과에만 집중하고 사람들 역시 그러하다.

우리는 현재 미국 메이저리그 LA다저스에서 맹활약을 하고 있는 류현진 선수를 잘 알고 있다. 2012년 그가 LA다저스와 계약을 할 때 6년 동안 총액 4,200만 달러라는 엄청난 금액의 연봉을 받게 되어 큰 이슈가 되었다. 그 무렵 모든 신문이나 미디어에서는 엄청난 계약조건에만 집중을 했었고, 사람들 역시 그러했다. 그가 그런 결과를 만들어내기까지 어떤 훈련과 시간을 보내왔는지는 생각하지 않으면서 말이다. 류현진이 이루어낸 성과 역시 그가 인내

하고 노력해왔던 과정에 놓여 있는 과정의 일부인 것이다.

////

"그 아무리 위대한 일도
열심히 하지 않고 성공한 예는 예부터 없다"

- 랄프 왈도 에머슨 -

////

한 사람이 매일 하나님께 기도를 드렸다.
"하나님 제발 복권 1등에 당첨 시켜 주세요."

하루도 거스르지 않고 매일 간절하게 기도를 드렸다.
"제가 1등이 당첨되면 좋은 일에 쓰겠습니다. 제발 1등 당첨 시켜 주세요."

그렇게 평생을 기도를 드렸지만 결국 그는 죽을 때까지 당첨이 되지 않았다. 결국 그는 평생의 소원을 이루지 못한 채 숨을 거두고 하늘나라에 올라가게 됐다. 그는 하늘나라에 가자마자 하나님을 향해 원망하듯 소리쳤다.

"하나님 제가 그렇게 기도를 드렸는데 왜 복권 1등을 당첨시켜 주지 않으신 겁니까?"

그러자 하나님은 깊은 한숨을 한 번 내쉬고는 이렇게 답했다.
"하아.. 복권을 사야 당첨 시켜줄 것 아니냐."

씨를 뿌려야 나무가 자라고 열매를 맺는다. 그리고 내가 뿌린 씨가 누구 것보다 달고 맛있는 열매가 되길 바란다면 그 과정에 더 충실해야 한다. 땅을 고르고 물을 주고 햇볕을 쬐어주고 잔가지를 쳐주어야 한다. 비가 오나 눈이 오나 늘 관심을 가지고 신경 써주어야 한다. 때론 힘들고 지치겠지만 열매를 맺기까지 언제나 눈을 돌려선 안 된다. 당신이 원하는 열매는 바로 그 과정의 끝에서 맺게 되는 것이다.

당신은 가끔 노력을 했는데도 이루어지지 않는다고 생각할 수도 있다. 물은 100도가 되어야 끓는다. 아무리 99도에서 몇 시간 동안 놔둔다고 해도 절대 끓지 않는다. 당신 역시 이런 식은 아닌지 생각해보아야 한다. 당신은 노력을 해왔고 도전해왔다. 그리고 그 과정에서 드디어 싹을 피우기 직전에 다다랐다. 하지만 당신은 그것을 보지 못한 채 여기까지가 한계라며 멈추고 돌아오진 않았는가? 마지막 그 한 발자국, 마지막 1도를 결국 넘기지 못한 채 말이다.

운동을 하는 사람들은 체력 훈련을 할 때 절대 자신의 한계에 다다른 순간에 멈추지 않는다. 한계에 다다랐다고 생각이 들 때 반드시 그보다 조금 더 운동을 하고 마친다. 한계에 다다랐을 때 멈추기를 반복하면 언제고 그 한계를 넘을 수 없다는 것을 알기 때문이다. 한계에서 시도하는 움직임이 자신의 한계를 넘어서게 해주고 그 움직임이 결국 자신이 원하는 성과를 이끌어 낼 수 있는 체력이 되어준다. 당신에게도 결국 그 1도가 필요한 것이다. 당신과 성공한 사람들의 차이는 단, 1도의 차이인 것이다. 이것은 경험해 본 사람들은 절대 마지막 순간에 포기하는 법이 없다.

미국 버지니아공대의 교수이자 세계적인 로봇 전문가 데니스 홍을 보면 이것을 잘 알 수 있다. 그는 어릴 적 우연히 영화 스타워즈를 본 뒤 로봇을 만들겠다는 꿈이 생겼고, 이 꿈은 성인이 될 때까지 변함이 없었다. 결국 그는 로봇 분야에서 많은 업적을 남기게 되는데 그중에 하나가 바로 시각장애인을 위한 자동차를 만들어 낸 것이다. 그 과정은 절대 순탄하지 않았다. 시각장애인의 입장을 이해하기 위해 눈을 가린 채 생활을 해보기도 하고, 시설에 가서 같이 지내보기도 하면서 그들을 이해하려 했다. 그리고 수많은 시도 끝에 자동차가 도로 상황과 운전을 위한 정보를 인식하고, 이것을 계산한 뒤 그 정보를 시각장애인에게 전달할 수 있는 인터페이스를 구축하는데 성공한다. 하지만 이것만으로는 시각장애인들이 자유롭게 운전하기에는 무리가 있었고, 또다시 수십 번의 연구 끝에 '에어픽스'라는 작은 태블릿을 만들어 내는데 성공한다. 이것으로 손을 대면 도로 차선과 방해물이 어디 있는지를 파악할 수 있게 되어 시각장애인들이 자신의 의지대로 자유롭게 운전할 수 있게 된 것이었다. 그렇게 그는 세계 최초로 시각장애인용 자동차를 개발해 냈다.

사람들은 데니스 홍 박사에게 '천재'라고 말한다. 하지만 그는 수많은 실패를 거듭했던 경험을 말하며 이렇게 말했다.

"실패를 두려워하는 대신 실패한 원인에 집중하는 것입니다."

사람들은 그의 결과물만을 보고 그를 천재라 칭했지만 그는 수십 번의 실패를 거듭했지만 두려워하지 않고 그 실패 속에서 성공의 희망을 찾았다. 그는 스스로를 천재라고 생각하지 않는다고 했다. 그는 단지 어떤 상황에서도 포기하지 않고 해낼 수 있다고 믿으며 마지막 1도의 열정을 채워간 것이다.

사람은 누구에게나 자신이 원하는 것을 이룰 수 있는 힘을 가지고 있다. 이런 힘은 어느 날 갑자기 부여되고 생겨나는 것이 아니다. 미생물이나 박테리아는 현미경으로 관찰되기 전부터 우리 몸속에 존재해왔다. 현미경으로 관찰되는 순간 만들어진 것이 아니란 소리다. 오래전부터 존재해왔지만 단지 모르고 있었을 뿐이다. 우리에게도 그런 힘이 있다. 이미 그런 능력을 가지고 있었지만 발견하지 못 했을 뿐이다. 이제 내면으로 들어가 지금껏 알지 못 했던 무궁무진한 능력을 깨닫고 쓰기만 하면 된다. 그리고 마지막까지 포기하지 않는다면 그게 무엇이든 우리는 이룰 수 있다.

누구나 한 번쯤 그런 경험이 있을 것이다. 매번 될 것 같은데 성공하지 못 했던 무언가를 한 번의 성공 이후로 다음부터는 너무 쉽게 해내곤 하는 경험을. 나 역시 그런 경험이 있었다. 어릴 적 철봉에서 뒤돌기를 하고 싶은데 계속 실패했었다. 하지만 어느 날 우연히 뒤돌기에 성공한 이후로 다음부터는 너무 쉽게 뒤돌기를 할 수 있었다. 성공 역시 그런 것이다. 99도에서 늘 멈춘 사람은 끝내 그 일에 성공하지 못하고 다른 일을 1도에서부터 다시 시작한다. 하지만 한 번 100도까지 올라가 성공을 맛본 사람은 다른 일도 수월하게 성공하곤 한다. 단 1도의 차이로 말이다.

지치고 힘든 순간에 도달했을 때마다 이제 이것을 기억하자. 지금 여기서 멈추면 나는 다시 1도에서 시작해야 한다는 것을. 그리고 여기서 참고 견디면 나는 뜨겁게 끓어오른다는 것을.

4장

이제
드림빌더로
거듭나라

4장
이제 드림빌더로 거듭나라

막연한 기대보다 간절한 희망을 품어라

집사람과 결혼을 하고 1년 정도 됐을 무렵 사랑하는 딸 '주아'가 태어났다. 나는 딸에게 더 좋은 환경을 제공해주고 싶었고 그 생각의 끝에 사업을 하기로 결심했다. 사업을 해야겠다고 마음먹었지만 사업을 해본 적도 주변에 조언을 구할 곳도 없었다. 단지 내가아는 분야의 사업을 해야겠다는 생각이 있었을 뿐이었다. 결국 서울에 올라오기 전 경비를 마련하기 위해 아르바이트를 했던 경험을 떠올려 PC방을 차려야겠다고 결론을 내렸다.

나름 꼼꼼하게 프랜차이즈를 비교해보고 사업설명회도 다녔다. 여러 프랜차이즈 중 신생 프랜차이즈를 선택하고 상가 계약을 했다. 인테리어 공사가 시작되고 하나씩 준비가 되어 갔다. 그 과정에서 프랜차이즈는 나에게 과도한 대출을 유도했고, 이미 공사가 진행 중인 상황에서 이를 거부할 수는 없어 시키는 대로 할 수밖에 없었다. 결국 투자금의 몇 배나 되는 돈을 대출하게 됐고 공사는 급하게 마무리가 되었다.

우여곡절 끝에 드디어 매장을 오픈할 수 있게 됐다. 그 과정에서 찝찝하고 마음에 들지 않는 부분도 있었지만 일단 매장을 오픈시켰으니 최선을 다해보자 마음을 먹었다. 설레는 마음으로 처음 생긴 나의 매장에 정성을 쏟았다. 어떤 손님이든 웃는 얼굴로 성실히 대하고, 아르바이트생도 가족처럼 따뜻하게 대했다.

시간이 조금 지나 운영이 안정되면 좋아질 거라는 기대를 가지고 한 달, 두 달 적자가 나는 상황을 버텨갔지만 시간이 지나도 기대와는 달리 상황은 점점 더 좋지 않은 방향으로 흐르고 있었다. 하루하루 버는 돈은 대출금과 운영비로 빠져 나가기 바쁘고 계속되는 적자는 나아질 기미가 보이지 않았다. 카드 대금이나 임대료는 밀리기 일쑤였고, 적자 나는 것을 막으려 추가 대출을 받아야 하는 상황이 이어졌다. 그런 악순환이 계속되면서 빚은 점점 더 늘

어만 갔다.

나는 가게를 오픈한 지 6개월 만에 결단을 내릴 수밖에 없었다. 더 이상 빚을 늘릴 수는 없다는 생각에 가게를 내놓았다. 처음에는 손해를 덜 보겠다는 생각으로 높은 금액으로 가게를 내놓았지만 좀처럼 가게는 나갈 기미가 보이지 않았다. 게다가 PC방 금연법이 지정되면서 급매로 나온 PC방이 수없이 많았다. 한 달, 두 달이 지나도 가게가 팔리기는커녕 보러 오는 사람조차 없자 어쩔 수 없이 조금씩 금액을 낮출 수밖에 없었다. 하지만 그럼에도 여전히 가게는 나가지 않았다.

엎친 데 덮친 격으로 가게를 시작하면서 가게 근처로 옮겼던 집이 비가 새면서 곰팡이가 천장을 덮기 시작했다. 집주인에게 이 일에 대해 설명을 했지만 건물이 오래된 거라 어쩔 수 없다는 태도로 일관했다. 모든 상황이 엉망이었다. 하루하루가 지옥 같은 날이었다. 하루가 멀다 하고 걸려오는 독촉 전화에 집에서든 가게에서든 나오는 건 한숨뿐이었다.

시간이 흐를수록 나는 점점 더 초조해져 갔다. 극도로 예민해져 사소한 것에도 짜증이 났다. 가게에 오는 손님들까지 말썽을 부리기 시작했다. 싸움을 해 경찰이 오기도 하고, 돈을 안 내고 도망을 가기도 했다. 독촉 전화는 하루에도 수십 통이 왔지만 더 이상의 대출도 불가능해져 돌려 막는 것도 한계에 달했다. 그런 하루가 계속해서 이어지던 어느 날, 카운터에 있는 PC가 고장이 나버렸다. 서둘러 고쳐보려 했지만 PC는 바로 복구되지 않았다. 이 일은 나를 무너지게 했다. 간신히 붙들고 있던 한계의 끈이 끊어지는 소리가 들리는 듯했다. 지칠 대로 지친 나는 모든 것을 내려놓고 카운터 PC를 고치는 것도 포기해버렸다. 그 날로 가게 문을 아예 닫아 버렸다.

가게 문을 닫고 나는 다른 곳에 취직을 했다. 하지만 한 달에 2백만 원이 안 되는 돈으로 가게 임대료나 대출금을 갚기에는 터무니없이 부족했다. 결국 가게에 꼭 필요한 장비와 집기만을 두고 가게 물건을 하나씩 팔기 시작했다. 덕분에 가게를 내놓은 금액은 점점 더 내릴 수밖에 없었고, 그렇게 몇 달이 지나자 가게는 처음 내가 투자한 금액의 반의 반도 안 되는 금액이 되어 있었다. 결국 가게는 내놓은 지 6달 만에 팔렸고 1억 가까이 되는 빚만이 내게 남게 되었다.

가게가 팔린 이후로도 한동안은 남은 빚으로 인해서 힘든 시간을 보내야 했다. 그로 인해 가족들은 오랜 시간을 같이 힘들어해야 했다. 결국 부모님께서 자신들의 집을 팔아서 빚의 일부를 갚는 것을 도와주셨다. 평생을 고생하시면서 마련한 집을 정리하시고 사시던 집의 절반 정도밖에 안 되는 집으로 이사를 하셨다. 나의 잘못된 선택으로 인해 사랑하는 사람들이 고통받는 모습이 나를 미치도록 괴롭게 만들었다.

그럼에도 모든 빚이 청산된 것도 아니었고, 모든 일이 정리된 것도 아니었다. 모든 것이 원망스러웠다. 내가 이렇게나 운이 좋지 않았었나 하며 자책을 했다. 뉴스에서나 보던 가장들의 자살이 이해가 될 정도였다. 뭐가 어디서부터 잘못된 건지 무엇부터 해야 하는지조차 알 수 없었다.

누구나 그렇겠지만 나는 이 상황 자체가 너무 싫었다. 어떻게든 지금 이 상황을 개선하고 싶었다. 왜 상황이 이 지경까지 오게 됐는지 알고 싶었다. 나는 가만히 눈을 감고 생각에 잠겼다. 시간을 거슬러 올라가 나의 내면으로 깊이 들어갔다. 그리고 내면에서 결정적인 이유를 한 가지 알게 되었다. 그것은 바로 지금까지 나는 막연한 기대만을 품어왔다는 것이다.

나는 상황이 악화될 때마다 희망을 품기보다는 막연하게 기대만을 하고 있었던 것이다. 기대하는 것 자체가 나쁘다는 것은 아니다. 내가 말하는 것은 '막연한' 기대만을 품었다는 것이다. 그저 나는 자리에 앉아서 좋아지기만을 기다리며 좌절하고 있었다. 만약 내가 그 상황을 타개하기 위해 최선을 다해 움직이고 노력한 다음 간절한 희망을 품었다면 어떠한 상황에도 긍정적으로 대처했을 것이며 사소한 일이 무너지는 일은 없었을 것이다. 하지만 나는 상황이 내 뜻대로 움직여지지 않자 자리에 앉아 이 상황을 부정하기만 하며 아무런 대책 없이 하루빨리 해결되기만은 기대하고 있었던 것이다.

어떤 일에 처해 있든 가만히 앉아서 해결되기만을 바라서는 아무것도 달라지지 않는다. 희망은 긍정을 내포한다. 그리고 희망은 최선을 다한 사람만이 품을 수 있다. 네덜란드를 지도했던 공화파의 J.위트는 희망에 관해 이런 말을 했다.

////

"생명이 있는 한 희망은 있다.

희망은 만사가 용이하다고 가르치고,

실망은 만사가 곤란하다고 가르친다.

실망은 사물을 부정적으로 보도록 유도하지만,

희망은 사물을 긍정적으로 보도록 유도한다.

실망을 친구로 삼을 것인가,

아니면 희망을 친구로 삼을 것인가.

어느 쪽을 선택할 것인가?"

////

희망은 최선을 다한 사람이 품는 긍정적인 에너지다. 희망은 최선을 다한 사람이 가지는 와일드카드다. 희망은 그렇게 최선을 다한 사람이 참고 견디어 그제야 받는 보상과도 같은 것이다. 지금 당신이 원하는 그 어떠한 것에 희망을 품으려 하는가? 그전에 자신이 희망을 품을 만큼 최선을 다했는지를 먼저 돌아봐야 한다. 희망은 겨울을 견뎌낸 봄이며 눈 속에서 생명을 피운 꽃이다.

자리에 앉아 기대만 하고 있는 것은 그만두고 간절한 희망을 품어라. 그리고 간절한 희망을 품기 전까지 자신이 할 수 있는 최선을 다하라. 최선을 다한 당신에게 희망은 외면하지 않으며 모른 채 하지 않는다. 당신이 가는 길이 멀고 끝이 보이지 않는 것 같더라도 최선을 다해 길을 가다 보면 오아시스 같은 희망이 기다리고 있는 것이다. 중간에 포기한 사람은 절대 만나지 못하는 오아시스 말이 다! 희망은 언제나 그 끝에서 당신을 기다리고 있다.

상상하는 대로 이루어진다

신이 만물을 창조할 때 오직 인간만을 자신을 본떠서 창조했다고 한다. 이 말은 신의 외관적인 모습이 인간의 형상을 띄고 있다는 뜻일까? 그렇다면 신은 백인일까? 흑인일까? 키는 얼마나 되며 쌍꺼풀은 있을까? 신이 자신을 본떠서 인간을 창조했다는 말은 결코 외관적인 부분을 뜻하는 것이 아니다. 바로 신이 만물을 창조했듯 인간에게도 창조력을 주었다는 것을 의미한다.

신은 인간에게 창조의 힘을 주셨다. 다른 동물에게는 강한 턱이나 빠른 다리나 높은 점프력 등 저마다의 장점을 부여했지만, 인간에게는 오로지 창조력만을 주셨다. 하지만 인간은 그 창조력으로 세상의 모든 동식물들을 지배하며 살아가고 있다. 바로 신이 모든 만물을 창조하고 주관하듯이!

창조의 힘은 도구를 만들고, 언어를 만들고 기호를 만들어 냈다. 더 나아가 도구를 이용해 건물을 짓고, 소리를 이용해 음악을 작곡하고, 기호를 이용해 그림을 그려냈다. 그리고 마을을 형성하고, 법을 제정하고, 문화를 만들어 냈다. 그렇게 현시대까지 수없이 많은 것들을 창조해왔고, 심지어 새로운 종까지도 만들어 내고 있다.

인간은 어떻게 이 모든 걸 창조할 수 있었을까? 그 비밀은 바로 생각 즉, 상상에 있다. 모든 것의 창조와 발견은 상상에서 시작되었으며 상상으로 인해 이루어졌다. 습관적인 상상이 내면화가 되면 형태의 세계에서 하나의 실체로 드러나기 시작한다.

이것은 단순한 동화나 소설에 나올 법한 허무맹랑한 이야기를 하는 것이 아니다. 이미 양자물리학에서는 상상하는 대로 이루어지는 것을 과학적으로 분석해냈다. 찰스 해낼의 『성공의 문을 여는 마스터키』에 보면 잘 나와 있다.

과학자들은 물질을 엄청나게 많은 수의 분자로 분해했다. 분자는 원자로 분해되고, 원자는 전자로 분해된다. 고 진공 유리관에 퓨즈를 붙인 단단한 금속 단자를 넣어서 행한 실험에서 전자가 발견됐는데, 이는 전자가 모든 공간에 가득 차 있음을 암시한다. 곧 전자가 모든 곳에 존재하고 어디에나 존재한다는 말이다. 전자는 모든 물질에 들어 있으며 우리가 비었다고 말하는 공간을 채우고 있다. 이것이 모든 것이 생성되는 우주의 원료다.

그리고 전자를 움직이게 하는 에너지가 있는데 그것이 바로 우리가 생각할 때 발생되는 에너지인 것이다.

상상의 능력에는 한계가 없다. 상상 속에서는 무슨 일이든 할 수 있다. 상상 속에서는 자신의 이상형을 만날 수도 있고, 갖고 싶은 것을 가질 수 있으며, 가고 싶은 곳은 어디든 갈 수 있다. 원하는 건 그게 무엇이든 마음껏 경험할 수 있다는 것이다. 게다가 상상은 그 어떤 자격이나 기술을 필요로 하지 않는다. 남녀노소 불문하고 누구나 한계 없는 삶을 스스로 창조할 수 있는 것이다.

그렇다면 상상하는 대로 이루어지게 하려면 어떻게 해야 할까? 상상하는 대로 이루어지게 하려면 말 그대로 일단 상상을 잘해야 한다. '상상은 눈 감고 떠올리는 거 아닌가?'라고 생각하겠지만 의외로 상상하는 것을 어려워하는 사람이 많다. 어떤가? 자신은 상상을 잘하는 편이라고 확신할 수 있는가?

자, 그럼 간단한 테스트를 해보자!
눈을 감고 동그란 접시 위에 사과를 상상해보자. 그리고 사과에 빨간색을 입혀보라. 선명하게 빨간색이 입혀졌는가? 그렇다면 이제 사과의 향을 맡아보자. 상큼한 사과향이 느껴지는가? 이제는 그 상큼한 빨간 사과를 한 입 베어 먹어보자. '아삭'거리는 소리가 났는가? 맛은 어떠한가? 달콤한 맛이 느껴졌는가?

이제 눈을 떠보자! 어떤가? 빨간 사과의 색깔이 선명하게 보였는가? 상큼한 사과 향은 맡아졌는가? 달콤한 사과 맛은 느껴졌는가? 그리고 그 맛을 볼 때 행복감은 들었는가?

그렇다!라고 대답한다면 당신은 상상을 제대로 하고 있는 것이다. 시각, 후각, 촉각, 청각, 미각까지 상상 속에서 오감을 다 느끼고 감정까지 제대로 이입시킬 수 있다면 당신은 상상을 잘하고 있는 것이다.

설령 아니다!라고 해서 실망할 필요는 없다. 상상력이란 건 누구나 하면 할수록 늘게 되어 있다. 지금부터라도 아침에 10분, 잠들기 전 10분 의도적으로 원하는 것을 상상하는 연습을 하길 권한다.

사람은 무엇을 하든 생각을 먼저 하게 된다. 그리고 생각의 끝에 피어나는 감정을 바탕으로 어떤 행동을 취하게 된다. 사람은 본능적으로 자신이 경험했던 것을 바탕으로 생각을 하고, 눈에 보이는 것을 중심으로 생각을 하게 된다. 그렇기 때문에 당신은 지금 현실에서 행하고 있는 모든 행동에 초점을 두는 것이 아니라, 의도적으로 자신이 원하고 바라는 모습에 초점을 맞춰야 한다. 당신이 진심으로 원하는 것에 생각이 집중되어 있으면 거기에 맞는 감정과 행동은 자연스럽게 따라오게 되어 있다.

대부분의 사람들은 자신의 생각이란 의식이 모든 상황을 통제하고 지배하고 있다고 생각하지만 사실은 그렇지 않다. 의식을 담당하는 뇌는 17% 정도이며 그중에서도 실제 인식과 행동은 2~4%밖에 차지하지 않는다. 반대로 나머지인 83%가 무의식의 영역으로 인식과 행동의 96~98%를 통제하고 있다. 꿈을 설정하는 것은 의식이지만 그 꿈을 이루기 위해 실행하는 것은 무의식이란 것이다. 그래서 의도적인 반복으로 자신이 원하는 모습을 생각하는 연습을 하다 보면 어느새 무의식 속에 원하는 모습이 각인되기 시작하고, 자신의 말투와 행동이 하나씩 바뀌기 시작하면서 원하는 모습에 점점 더 가까워지게 된다.

이제 그저 당신이 해야 할 일은 언제나 더 나은 내일을 꿈꾸는 것이다. 매일 꾸준히 자신이 성공하는 모습을 상상하는 훈련을 하고, 이것이 습관이 되어 무의식 속에 내가 원하는 모습을 새겨 넣어야 한다.

////

"나는 생각한다. 고로 존재한다."

– 데카르트 –

////

상상을 할 때 그것을 어떻게 이룰 것인지는 생각할 필요는 없다. 단지 원하는 결과에만 집중하면 된다. 그리고 이루었을 때 느낄 감정에 집중하는 것이 좋다. 나는 원하는 모습을 상상할 때면 이미 다 이룬 내 모습에 너무 가슴이 벅차 눈물을 흘리는 경우도 종종 있다. 그렇게 상상을 하고 눈을 뜰 때면 현실과 상상이 헷갈릴 때도 종종 있을 정도였다.

나는 상상할 때 감정을 잘 이입시키기 위해서 주변 사람들을 이용하는 편이다. 내게 가장 가까운 사람을 상상 속에 등장시켜 내가 성공했을 때 그들이 하는 말이나 행동들을 많이 떠올리는 편이다. "결국 해낼 줄 알았어.", "난 네가 자랑스럽다.", "넌 정말 대단해." 이런 말을 누군가는 울면서 전하고, 누군가를 흥분하면서 전하는 모습을 상상한다. 그렇게 하면 훨씬 상상하기도 편하고 감정이입도 잘 되곤 했다.

내가 결혼을 하고 2년 정도 됐을 때 무리한 사업을 시도했다가 힘들어진 적이 있었다. 그 무렵 살고 있던 집까지 비가 새어 천장이 곰팡이로 뒤 덮힐 정도였다. 나는 이 상황을 개선하고 싶었다. 그래서 매일 밤 잠들기 전 눈을 감고 상상했다. 휴양지처럼 바다가 보이는 멋진 전망을 가진 아파트에서 잠을 자고 일어나는 모습을 매일 상상하며 잠이 들었다. 그렇게 6개월 뒤 사업 실패로 빚더미에 앉아 돈이라곤 한 푼도 없었지만 우리 가족은 휴양지처럼 조용하고 거실에서 바다가 멋지게 보이는 21층의 넓은 아파트로 이사하게 되었다.

이것을 단지 운이 좋은 우연에 불과하다고 생각할 것인가? 어떠한 방법도 돈도 없었지만 나는 상상했고 그 상상대로 이루어진 것이다. 설령 당신이 이 말을 믿지 않아도 좋다. 단지 그저 한 번 해보는 건 어떤가? 돈이 드는 것도 아니고, 많은 시간을 투자해야 하는 것도 아니다. 당신이 해본다고 해서 손해 보는 건 전혀 없다는 것이다. 오히려 적어도 그런 상상만으로 기분이 좋아질 수도 있다는 것만큼은 알 수 있을 것이다.

성공한 사람들이 수많은 자기 계발서와 강연 등을 통해 상상하는 것의 중요성을 말해왔다. 그것만으로도 상상하는 것이 얼마나 큰 힘을 갖고 있는지를 알 수 있다. 더는 피터팬 같은 동화로 여기는 것을 멈추고 지금부터 상상하는 연습을 하도록 하자. 지금 당신이 어느 위치에서 무엇을 하는 사람이든 이것이 가장 최우선적으로 여겨야 할 부분이며 성공으로 가는 최선의 방법임을 기억해야 한다.

나는 세상에 보는 것만을 믿고, 믿는 것만을 보는 사람 이렇게 두 종류의 사람밖에 없다고 한다면 반드시 후자를 선택하는 사람이 될 것이다. 당신은 어떠한가?

Pass Game

텔레미디어 커뮤니케이션 회사의 부회장인 밥 템플턴은 토네이도로 10여 명의 목숨을 잃고, 수백만 달러의 재산 피해를 입은 캐나다 온타리오 주 배리 시의 이재민을 위해 수백만 달러를 모으기로 결심한다. 그는 회사의 모든 임원을 소집했고, 임원들이 모두 모인 자리에서 칠판 위에 큰 글자로 숫자 3을 세 개를 쓴 뒤 임원들에게 말했다.

"3일 동안 3백만 달러를 3시간에 걸쳐 모금하여 이번에 재난을 당한 사람들에게 전달해주면 어떻겠습니까?"

순간 정적이 흘렀고, 누군가 그 고요함을 깨고 손을 들고 말했다.

"템플턴 씨, 그건 말도 안 됩니다. 어떻게 3일 동안, 3백만 달러를 그것도 3시간 만에 모을 수 있단 말입니까?"

그러자 밥이 빠르게 말고리를 잡았다.

"잠깐만. 저는 그것을 할 수 있는가 없는가, 해야 하는가 아닌가의 여부를 물어본 것이 아닙니다. 단지 그렇게 하길 원하느냐 원치 않느냐를 물어본 것입니다."

그러자 모두 "당연히 그렇게 하길 원한다."라고 답했다.

"자, 여러분이 나의 제안에 찬성 의사를 표했으니 할 수 없다는 반대 의견이 아무리 설득력을 가진다고 하더라도 우리는 가능한 큰 소리로, 'Pass!'라고 소리쳐야 합니다. 그런 후에 3백만 달러를 3일 동안 3시간 이내로 모금할 수 있는 아이디어만을 받겠습니다. 우리는 가장 생산적인 아이디어가 떠오를 때까지 계속 'Pass!'를 외쳐야 합니다."

그는 진지한 어조로 다시 말을 이었다.
"3백만 달러를 지금 당장 모으자는 것이 아닙니다. 지금 우리에게 필요한 것은 아이디어입니다."

회의실은 다시 조용해졌다. 하지만 곧 누군가가 아이디어를 냈다.

"캐나다 전역에서 라디오 쇼를 진행하는 것이 어떨까요?"

그러자 밥은 "좋은 아이디어군요."라고 말하며 칠판에 의견을 적기 시작했다. 그가 칠판 위에 의견을 다 적기도 전에 누군가가 말했다.

"캐나다 전역에서 라디오 쇼를 할 수는 없어요. 우리 방송국은 전
국에 네트워크가 없어요!"

텔레미디어사는 온타리오와 퀘벡에만 방송국을 운영하고 있었던
터라 그의 말은 틀린 말이 아니었다. 그러자 회의실 뒤쪽에서 누
군가가 외쳤다.

"Pass!"

그리고 누군가 또다시 의견을 냈다.
"캐나다에서 제일 인기 많은 하비 커크와 로이드 로버트슨을 섭외
해서 그 방송을 진행하도록 하면 어떻겠습니까?"

그 두 사람은 캐나다 전역에서 가장 인지도가 높은 TV 진행자
였다.

"그 사람들은 라디오 방송에는 출연하지 않을 겁니다."라고 또 다
른 사람이 대꾸했다. 그러자 모두가 한 목소리로 "Pass!"라고 외
쳤다.

어느 순간부터 회의실에는 에너지가 흘러넘치고 있었다.

3일 뒤, 전국 50개의 방송국들이 앞다퉈 재해를 당한 배리 시 주민들을 돕자는 방송을 했고, 하비 커크와 로이드 로버트슨 역시 3일에 걸쳐, 라디오 쇼 진행을 맡으며 3시간 동안 3백만 달러의 성금을 모금했다. 밥 템플턴은 단 한 푼의 대가도 받지 않고 50개 방송국을 지휘하여 캐나다 온타리오 주의 배리 시 주민들에게 300만 달러의 성금을 전달했다.

3백만 달러를 3일 만에 3시간 내에 모금하는 것을 가능하게 한 밥 템플턴의 이야기는 밥 프록터의 『위대한 발견』이란 책에서 발췌했다. 밥 프록터는 잭 캔필드와 마크 빅터 한센에게 이 이야기를 전했고, 잭 캔필드와 마크 빅터 한센은 이 이야기를 책으로 펴냈는데 그 책이 바로 『영혼을 위한 닭고기 스프(Chicken Soup for the Soul)』이다. 이 책은 무려 600만 부 이상 팔려 나가며 수많은 독자들이 이 이야기를 알게 되며 자신의 인생에 적용하여 삶을 바꾸게 되는 계기가 되었다고 한다.

우리는 지금까지 부정적인 생각을 하도록 교육받아 왔다. 어릴 적부터 가정에서 학교에서 사회에서 "그런 식으로 해서는 할 수 없어.", "그건 네게는 아직 무리야.", "넌 아직 하지 마." 이런 말들로 할 수 있는 것에 대한 것보다 할 수 없고 하지 말아야 할 것들에 더 많은 교육을 받아왔다. 자유롭고 분방한 것에 대한 통제로 시도하려는 생각 자체를 원천 봉쇄당했던 것이다. 그러다 보니 무엇을 시작도 하기 전부터 안 될 것을 염려하고 실패에 대한 것을 먼저 걱정하게 된다. 결국 무엇을 하더라도 부정적인 생각부터 하도록 설정되어 버린 것이다.

생각이 집중되는 것은 현실로 나타난다. 당신이 부정적인 생각에 집중하면 부정적인 것들이 현실로 나타나게 된다. 자신의 삶에서 부정적인 생각이 떠오르거나 부정적인 마음이 생기면 마음속으로 'Pass!'를 외쳐라. 내가 이번 장을 'Pass Game'이라고 지은 것은 살아가면서 간단한 게임을 하듯이 가벼운 마음으로 이 방법을 실행해 보자는 의미에서다. 무슨 일을 하던 마음속에서 생겨나는 부정적인 생각을 지우는 것이 이 게임의 핵심이다.

만약 당신이 어떤 목표를 세웠다면 그 목표에 대해 실현 가능한 방법만을 떠올려라. 머릿속에 목표가 이루어지기 힘든 이유나 근거가 떠오를 때마다 마음속으로 "Pass!"를 외치고 그 이유와 근거를 의식적으로 머릿속에서 지우도록 하라. 당신에게는 성공 가능한 이유와 근거만이 필요하다. 이것을 게임을 하듯이 가벼운 마음으로 매일 하는 것이 좋다.

"나는 언제나 모든 일의 좋은 면만을 본다.

매사에 걱정거리가 되는 어두운 면만 보는 사람이 있지만

나는 그렇지 않다.

비록 엄청난 고통에 짓눌린다 해도, 하늘이 온통 먹구름으로 뒤

덮여 푸른 하늘이 한 점도 보이지 않는다 해도 괜찮다.

나는 고통도 낙으로 여기겠다."

– 마더 테레사 –

내가 PC방 사업을 시작하려 할 때 형이 나에게 이런 말을 했다.

"네가 생각할 수 있는 최악의 시나리오를 항상 생각해."

나는 이 말이 옳다고 생각했다. 그래야 최악의 상황이 될 때 대비를
할 수 있을 거라는 생각에서였다. 하지만 이 말은 틀린 것이다. 결
국 PC방 사업에 실패를 하자 형의 말이 맞았다고 여기며 자신을 반
성했지만 시간이 지나고 나는 이 말이 틀렸음을 알게 되었다. 최악
의 시나리오를 생각해 둔다고 해서 최악의 시나리오를 막을 수 있
을 리가 없지 않은가? 나는 지금 최악의 시나리오에 생각을 집중하
고 있다. 그것은 내가 아무리 그 상황에 대비를 한다 하더라도 어떻

게든 최악의 상황을 맞이할 수밖에 없다는 것을 의미한다.

대비의 문제가 아니라 생각의 문제인 것이다. 대비를 하는 것이 아니라 생각을 바꿨어야 했다. 생각이 집중되는 방향을 바꿨어야 했다. 최악의 시나리오가 머릿속에 떠오를 때마다 "Pass!"를 외쳤어야 했다. 긍정적인 마인드를 품어야 한다는 것은 막연히 잘 될 거라는 생각을 품는 것이 아니라 이 "Pass Game"을 얘기하는 것이다.

우리가 겪게 될 경험을 결정하는 것은 결국 생각이 집중된 방향에 달렸다. 아무것도 기대하지 않으면 아무것도 얻지 못하며 많은 것을 요구하면 더 많이 얻을 수 있다. 세상이 순탄하지 않다고 여기는 것은 우리가 그렇게 생각하기 때문이다. 부정적인 생각으로 자신의 공간을 채워선 안 된다. 수많은 아이디어가 빛을 보지 못하는 것도 결국 부정적인 생각이 긍정적인 생각을 지배했기 때문이다.

부정적인 생각은 하루에도 열두 번은 더 찾아온다. 하지만 이제 부정적인 생각이 급습해올 때마다 "Pass!"버튼을 눌러 그들을 내보내라. 일반적인 게임은 갈수록 단계가 어려워지지만 이 게임은 익숙해질수록 난이도가 낮아지는 것이 포인트다. 결국 당신이 게임을 클리어하는 순간 당신의 인생에서도 "Winner!"라는 칭호가 붙게 될 것이다.

말은 꿈을 건설한다

언어학의 분류에 의하면 언어에는 '내언어(內言語)'와 '외언어(外言語)'가 있다고 한다.

'내언어'는 자신의 마음속에서 사용하는 언어, 즉 소리 내지 않는 언어이다. '외언어'는 다른 사람과의 의사소통 등에 사용하는 언어, 즉 소리 내서 말하는 언어이다. 우리가 자신의 생각을 말로 표현하고자 할 때 먼저 주목해야 할 것은 '외언어'다.

당신이 소리 내서 말할 때 그 말은 눈앞에 있는 상대에게만 전달되는 것이 아니다. 오히려 자기 자신에게 더 많이 전해진다. 소리 내서 말을 할 때 우리 뇌는 최고의 상태가 된다.

– 사토 도미오의 〈기적의 말버릇〉 中에서 –

말의 사전적 의미는 사람의 생각이나 느낌 따위를 표현하고 전달하는데 쓰는 음성 기호라고 나와 있다. 하지만 말을 사전적 의미로만 받아들여선 안 된다. 사람이 말을 할 때는 입을 열고 성대에 공기가 들어가고 나오면서 진동으로 인해 소리가 나오게 된다. 말은 언제나 입에서 뿜어지듯 나오게 되어있으며 거리가 멀면 멀수록 전달되기가 어렵다. 즉 가까우면 가까울수록 잘 들리고 쉽게 전달할 수 있다. 여기서 가장 큰 역설은 사전적 의미의 말은 자신의 생각이나 느낌 따위를 표현하고 전달하는 것이라고 했지만 사실 말은 타인이 아닌 자신에게 가장 많은 전달과 표현을 하며 영향을 끼친다.

당신이 말을 할 때 가장 가까이 있는 사람은 언제나 타인이 아니라 자신이다. 아무리 타인이 가까이 있다 하더라도 성대에서 진동이 울리는 순간부터 그리고 입 안에서 입 밖으로 나오는 순간까지 언제나 그 누구보다 자신이 그 소리에 가장 가까이 있다. 그렇기 때문에 언제나 말은 자신에게 가장 큰 영향을 끼친다. 당신이 무슨 말을 하던지 그 말은 타인이 아닌 자신에게 전달되는 것이 더 많다는 것이다.

사람에게는 창조력을 발휘할 수 있는 세 가지의 도구가 있다. 바로 사고思考, 언어言語, 감정感情이다. 창조의 과정을 보면 사고라는 뼈대에 언어라는 살을 붙이고, 감정이란 지붕을 덮는다. 반복적인 말은 점점 살이 붙게 되어 현실로 드러나게 된다. 말에 담긴 창조력은 당신이 하는 말을 말 그대로 자신에게서 일어나게 하는 것이다.

"재수 없는 놈 같으니라고."

"네까짓 게 성공할 수 있을 거 같아?"
"넌 이제 망했다."

당신이 누군가에게 뱉는 이런 말들은 고스란히 자신에게 돌아와 당신이 말한 그대로 당신에게 이루어질 수 있도록 무언가를 형성하기 시작한다. 이것은 어느 종교에 어느 신의 짓궂은 심술 따위가 아니다. 그 누구에게도 예외 없이 일어나는 창조의 원리인 것이다.

////

당신이 누구에게 무슨 말을 하던 당신 입에서 나온 말은
모두가 당신 자신에게 일어날 일이다

////

인도 사상에서는 무언가를 만 번 말했을 때 그것은 '만트라'가 된다고 한다. 일본에서는 '고토다마'라고 하여 말을 하는 것 자체에 세상을 변화시키는 힘이 있다고 믿고 있다. 어떤 무언가를 계속 반복적으로 말하게 되면 그것은 반드시 현실로 일어나게 되어있다.

어떤 실험 결과를 보면 같은 조건의 같은 종의 꽃을 두고 한쪽은 "사랑한다.", "고마워" 이런 말을 매일 하게 하고, 한쪽에는 "죽

어.", "널 미워해." 이런 말을 매일 하게 했다. 그러자 매일 욕을 하고 저주의 말을 들은 꽃은 금방 시들어버렸다.

에모토 마사루의 저서인 『물은 답을 알고 있다』에 나오는 실험의 결과는 더 놀랍다. 같은 환경의 물을 같은 조건의 그릇에 담고 한쪽에는 "사랑해" 또는 "감사"라는 글씨를 써두고, 다른 한 쪽에는 "미워해", "악마"라는 글씨를 써두었다. 그리고 물의 결정 상태를 확인해 보았는데 결과는 놀랍게도 "사랑해", "감사"라는 글을 써둔 그릇에 담긴 물의 결정은 자신의 형태를 그대로 보존했지만, "미워해", "악마"라는 글을 써둔 그릇에 담긴 물의 결정은 형태가 찌그러지고 흐트러져 있었을 뿐만 아니라 심지어 결정의 형태조차 보존하지 못한 것도 있었다(여기서 우리가 알아야 하는 것은 우리의 몸은 70%가 물로 되어 있다는 점이다). 이것만 봐도 말에는 창조의 힘이 담겨 있다는 것을 잘 알 수 있다.

////

"나의 무한의 나라는 사고(思考)다.
그리고 나의 날개 있는 도구는 말이다."

- 쉴러 -

////

말의 창조적 힘은 언제나 I AM이라는 배경을 반영한다. 당신이 무슨 말을 하든 I AM 이란 전제가 붙는다는 얘기다.

"넌 할 수 없어."라는 "나는 할 수 없어."가 되는 것이고, "넌 운이 없는 녀석이야."라는 말은 "난 운이 없는 녀석이다."로 인식된다.

말의 창조력은 이렇게 반영되고 인식된다. 절대 저주하는 말을 입에 담아선 안 된다. 당신의 말은 언제나 칭찬과 축복의 말이어야 한다.

"넌 반드시 할 수 있어."
"너에게는 성공할 능력이 있어."
"넌 정말 아름다운 아이야."

이런 말들은 남을 축복하는 동시에 내가 축복받는 말이다.

////

"집에 들어가면 그 집에 평화를 빈다고 인사하여라. 그 집이 평화를 누리기에 마땅하면 너희의 평화가 그 집에 내리고, 마땅하지 않으면 그 평화가 너희에게 돌아올 것이다."

////

살아가며 마주치는 모든 사람들에게 가벼운 칭찬을 하는 습관을 들여라. 이것은 상대방을 기분 좋게 만들고, 나를 멋진 사람으로 만든다. 처음에는 의식적으로 칭찬할 부분을 찾고 말하겠지만, 곧 누구를 만나든 칭찬할 부분이 있다는 점을 알게 된다.

콜로라도 대학교 심리학과 교수인 O.J. 하비는 언어와 폭력의 상관관계에 대한 연구를 하였는데 거친 언어를 사용하는 민족일수록 폭력적이라는 결과가 나왔다. 그리고 상대적으로 고소득층보다 저소득층의 사람들이 욕을 더 많이 쓰며 거친 언어를 더 많이 쓴다고 한다. 이것은 과연 우연에 불과할까?

여기 재미있는 일화가 하나 있다. 세계적인 축구스타 C.호나우두가 TV방송에 나와 자신의 자동차인 페라리 앞에서 이런 이야기를 한 적이 있다.

"내가 재미있는 이야기를 하나 해줄게요. 스포르팅에 있었을 때 유소년 팀에서 교육을 받는데 제가 뭘 잘못한 적이 있었어요. 그래서 벌로 쓰레기통을 비워야 했는데 쓰레기를 비우러 가는 길에

애들이 쉬는 데가 있었어요. 근데 그 쓰레기 수레에 누군가가 '페라리'라고 낙서를 해놨어요. 제가 사고를 칠 때마다 수레에 쓰레기를 싣고 지나가면 애들이 '부릉 부릉'라고 놀렸죠. 아직 어릴 때라 그게 진짜 짜증이 났어요. 하루는 쓰레기가 너무 많아서 친구보고 도와달라고 해서 실어 놓고 비우러 가는데 역시나 애들이 '부릉 부릉, 야 페라리 지나간다'라고 소리치며 놀려댔죠. 그러자 저는 참지 못하고 저와 사이가 안 좋았던 양아치 둘한테 제가 소리를 질렀어요. '계속 짖어라, 나는 언젠가는 진짜 페라리를 탈거니까'라고 말이죠."

그리고 그는 자신의 차를 가리키며 말했다.

"이게 그 결과입니다."

말에는 창조의 힘이 있다. 성공한 사람들은 모두가 하나같이 긍정적인 말만을 한다. 이들은 말의 힘을 알고 있다. 자신의 입에서 나온 말이 말 그대로의 현실을 만들어 낼 것임을 알고 있다.

지금 당장 자신이 무엇이 되고 싶은지 무엇이 되려 하는지 글로 적고 큰소리로 읽어라. 그렇게 매일 반복해서 큰소리로 읽어라. 자신이 되고 싶은 모습을 소리 내어 말하다 보면 점점 좋은 기분에 사로잡히게 되고, 그 기분을 계속 유지하게 되면 당신이 말한 모습을 현실로 만들기 위한 조건들이 점점 끌려오게 된다. 그런 조건들이 눈에 보이게 되면 당신은 더욱 확신에 차서 말을 하게 되고, 더 좋은 기분을 느끼게 된다. 이런 식으로 긍정적인 순환이 시작되는 것이다.

말은 꿈을 이루는 최소 단위다. 말은 우리에게 허락된 유일한 마법이다. 이제 해리포터를 뛰어넘는 마법으로 당신의 삶을 멋지고 경이롭게 만들어라. 힘들게 호그와트까지 갈 필요는 없다. 지금 여기서 모두 이루어질 수 있다.

나는 매일 조조와 심야 영화를 본다

모든 일에는 처음과 끝이 중요하다는 얘기를 많이 한다. 음식을 하든, 일을 하든, 공부를 하든, 그게 무엇이든 처음과 끝은 항상 중요하다. 길게 보면 당신의 인생이 그러할 것이고, 짧게 보면 오늘 하루가 그러할 것이다. 오늘이란 시간이 모여 365일 1년이 되고, 1년 1년이 모여 10년 그렇게 20년, 30년이 모이다 보면 그것이 당신의 인생이 된다. 그렇기에 지금 바로 오늘 하루를 어떻게 보내는지가 가장 중요하다고도 볼 수 있다.

당신은 하루의 시작과 끝을 어떻게 보내고 있는가? 시끄러운 알람 소리에 짜증 섞인 얼굴로 겨우 일어나 힘겹게 출근하고 있진 않은가? 밤에는 지친 몸을 이끌고 겨우 씻은 다음 피곤에 찌든 상태로 잠을 청하고 있진 않은가? 이것은 과연 처음과 끝을 소중하게 보내고 있다고 볼 수 있을까?

슬프게도 그렇지 않다. 하루 종일 바쁘게 일하고 성실히 살았다고 해서 하루를 중요하게 보낸 것은 아니다. '시작이 반이다'라는 말도 있듯이 모든 일에는 시작과 끝이 중요하다. 첫 단추를 잘못 끼우면 단추를 다 끼워봤자 옷이 틀어지듯이 모든 일도 마찬가지다.

당신의 하루의 처음과 끝을 소중하게 보낼 수 있는 방법은 그리 어려운 일이 아니다. 아침에 눈뜨고, 밤에 잠들기 전 5분의 시간만이 필요할 뿐이다. 내가 투병생활로 누워만 있을 때 눈 뜨는 순간부터 잠드는 순간까지 고통스러운 몸 때문에 늘 기분이 좋지 않았다. 하지만 이 방법을 쓰기 시작하면서부터는 하루를 즐겁게 보낼수 있게 되었다. 나는 처음에는 아프지 않는 것에 초점을 맞추어 마인드 컨트롤만 했지만 무언가를 이루기 위해서는 지금부터 말하는 방법을 매일 실천해 보는 것이 좋다.

방법은 너무나 간단하다. 아침에 눈을 떴을 때, 바로 일어나 움직이지 말고 그대로 누운 채로 5분 동안 영화 감상을 하는 것이다. 잠을 자기 전에도 마찬가지다. 잠들기 전 5분 동안 누워서 영화감상을 한다.

영화를 감상하는 방법은 간단하다. 아침에 알림이 울리면 알림을 다시 끄고 바로 일어나지 말고, 다시 그 자리에 누워 5분 동안 오늘 하루 일어날 일을 미리 상상한다. 상상하는 방법은 일명 영화 기법을 사용한다. 그래서 영화 감상이라고 말하는 것이다.

가만히 눈을 감고 넓고 웅장한 영화관을 그려본다. 넓고 조용한 그 영화관의 계단을 하나씩 하나씩 내려간다. 내려갈 때마다 영화관에 울려 퍼지는 발자국 소리도 생생하게 상상한다. 그리고 스크린이 제일 잘 보이는 자리에 앉는다. 편한 자세로 자리에 앉자 곧 스크린에 영화가 시작된다. 오늘의 조조영화는 오늘 하루 동안 일어날 일들인 것이다.

일어나 화장실에서 이를 닦고, 세수를 하며 외출 준비를 한다. 거울을 보며 미소를 짓고 거울 속에 비친 자신을 보며 오늘 하루도 행복한 일로 가득할 것이라고 말해본다. 옷을 입고 나가면서도 행복감은 그대로 이어진다. 출근길에는 사소한 행운으로 즐거워지고, 자주 들리던 커피숍의 직원과는 웃으며 대화를 나눈다. 회사에서는 어려운 일을 직접 처리해 모두에게 인정받으며 공로에 감사의 인사를 받게 된다. 저녁에는 좋아하는 사람과 맛있는 스테이크와 와인을 먹으며 행복한 시간을 보낸다. 그렇게 하루 종일 행복한 일로 가득했던 오늘 하루에 감사해하며 다시 잠을 청하는 자신의 모습을 끝으로 영화는 막을 내린다.

영화의 내용은 본인의 일상에 맞춰서 상영시키면 된다. 그리고 영화가 끝나고 눈을 뜬 뒤 내가 상영한 영화를 떠올리며 그렇게 아침을 시작하면 된다. 그렇게 매일매일 조조영화를 보고 난 뒤 하루를 시작하게 되면 남들과는 다른 하루가 펼쳐지게 된다. 사소한 일에도 행운이 따르고, 행복한 일들이 생각지도 못하게 일어난다. 그렇게 행복한 하루를 마치고 하루를 마무리할 때도 바로 잠을 청해선 안 된다.

이제 심야영화를 볼 차례다. 오늘의 심야영화는 당신이 꿈을 이루었을 때의 모습이다. 영화에서 당신의 모습은 당신이 그토록 바라던 꿈을 이루어 가족, 친구, 형제, 지인들을 불러 파티를 하고 있는 모습이다.

"축하해."
"해낼 줄 알았어."
"나는 네가 정말 자랑스럽다."

사람들의 축하 메시지는 끝이 없고, 축하를 받는 당신은 너무 행복하고 기쁘다. 파티장에서는 고급스러운 음악이 흘러나오고, 맛있는 음식들로 가득 차 냄새만으로도 군침이 돈다. 갑자기 음악이 끊기더니 진행자가 마이크를 잡고 진행을 한다.

"신사 숙녀 여러분, 오늘 이 자리에 오신 걸 환영합니다. 그럼 지금부터 자신의 꿈을 이룬 오늘의 주인공을 모셔 소감을 들어보도록 하겠습니다."

당신은 우레와 같은 박수를 받으며 연단에 선다. 연단에 올라서서 천천히 자신을 바라보는 사람들을 하나씩 하나씩 바라본다. 나를 보며 기쁨의 눈물을 짓는 사람, 환한 미소와 엄지를 치켜드는 사람, 손뼉을 치며 뿌듯하게 나를 바라보는 사람.

한 명씩 한 명씩 당신을 바라보는 사람들에게 눈으로 인사를 받고, 인사를 건넨다. 그리고 당신의 마음속에 벅차오르는 감정으로 소감을 전한다. "감사합니다."로 마지막 인사를 전하고 다시 한 번 우레와 같은 박수 세례를 받는다. 그렇게 영화는 막을 내린다.

이 영화를 볼 때는 최대한 오감을 다 살려서 보는 것이 좋다. 미각, 촉각, 시각, 후각, 청각 모든 감각을 최대한 느끼는 것이 좋다. 이 영화가 생생하면 생생할수록 현실에 가까워지고 있다는 것이기 때문이다. 그리고 가장 중요한 건 감정이다. 영화를 보면서 감격스럽고, 행복함에 눈물을 흘릴 만큼 감정이입이 되는 것이 좋다. 그렇게 감정이 이입되는 것은 뇌가 현실로 받아들이고 있다는 증거이기 때문이다.

잠에 들기 전 매일매일 이 심야영화를 보는 것이 중요하다. 그렇게 매일매일 심야영화를 보다 보면 어느 날은 그 파티를 치르고 누워 있는 당신의 모습을 발견할 것이다.

이렇게 매일 조조와 심야 영화를 보기 시작하면 어느 순간 영화가 현실로 이루어지기 시작한다. 영화의 주인공은 언제나 당신이며, 연출 또한 당신이 맡는다. 그러니까 이 영화는 당신이 원하는 어떤 것도 제작할 수 있는 것이다. 등장인물, 배경, 역할 등 모든 것을 당신 마음대로 컨트롤할 수 있다. 당신이 마음대로 그려 넣는 도화지와 마찬가지라고 생각하면 된다. 당신이 이루고 싶은 것을 그려 넣으면 모든 게 이루어지는 마법 도화지인 것이다.

당신이 영화를 제작하고, 영화를 관람할 때 뇌는 그 영화와 현실을 구별하지 못한다. 그렇기 때문에 영화에서 본 모습을 현실로 만들어내기 위해 필요한 모든 것들을 끌어당겨오기 시작한다. 그렇게 하나씩 하나씩 쌓이다 보면 영화는 현실이 되는 것이다.

실제로 비슷한 방법으로 우리나라 양궁 선수들은 연상 훈련을 받는다. 선수들은 올림픽 대회에 출전하기 전 경기장에 입장하는 것부터 경기장의 바람, 소리, 풍경, 관중 모든 것을 상상하고 시각화한다.

양궁 선수뿐만 아니라 세계적인 천재 물리학자 아인슈타인조차 이 기법을 사용했으며 실제로 그는 실제 실험으로 밝혀낸 이론보다 상상 속에서 실험한 것으로 밝혀낸 이론이 훨씬 많다고 한다.

이제 당신도 당신이 만든 영화관에서 당신이 제작한 영화를 관람하며 그 영화를 현실로 끌어내도록 하라. 그 영화야말로 당신 인생에서 최고의 역작이 될 것이며, 불후의 명작이 될 것이다. 지금 바로 눈을 감고 그 영화를 상영시키도록 하라.

이미 이루어진 것처럼 살아라

자, 재밌는 실험을 해보도록 하자. 지금 바로 머릿속으로 손에 레몬을 쥐고 있다고 상상해보라. 그리고는 레몬을 입에 가져가 한 입덥석 깨물어 본다. 그러면 입속에 침이 잔뜩 고이기 시작하는 것을 느낄 수 있을 것이다. 당신 손에는 진짜 레몬도 없고, 레몬을 먹지도 않았는데도 말이다. 이것은 뇌가 상상과 현실을 구별하지 못해 상상 속 레몬의 구연산에 반응했기 때문이다.

이처럼 뇌는 현실과 상상을 구별하지 못한다. 만약 어떤 사람이 꿈을 매일 24시간 동안 계속 꾼다면 꿈과 현실과의 괴리감은 없어지게 된다. 뇌는 꿈을 현실이라고 받아들이고 꿈꾸고 있는 모든 것을 현실로 만들어내려 하게 된다. 그렇게 자신이 원하는 모습을 생활하면서 의도적으로 상상하기 시작하면 현실에서도 상상 속과 같은 모습을 만들어내기 위해 필요한 환경들을 끌어오게 되는 것이다.

우리는 자신의 생각에 따라 행동하고, 이 행동들로 인해 겪는 모든 것이 삶의 경험이 된다. 결과적으로는 삶의 에너지를 집중하는 곳으로 삶의 방향은 진행하게 되는 것이다. 당신이 원하는 모습에 집중하고 이미 이룬 것처럼 행동하기 시작하면 삶의 에너지는 그것을 현실로 끌어오기 위해 필요한 것들이나 사건들을 만들어 내기 시작한다.

이것을 제대로 이해하고 이용하여 성공을 거둔 사람들을 우리는 쉽게 찾아볼 수 있다. 한 예로 세계적인 거장인 영화감독 스티븐 스필버그는 무명시절 자신이 최고의 영화감독이 될 것을 매일 상상했다. 그리고 그는 이미 영화감독이 된 듯 직원이 아님에도 스튜디오에 매일 출근을 하기 시작했고, 너무나 당당하게 출근하는 그였기에 아무도 그가 직원이 아니라는 사실을 눈치채지 못할 정도였다. 결국 그는 영화감독으로 데뷔하여 세계적인 거장이 되었다.

사람의 두뇌는 처음 접하는 정보는 의식적으로 인지를 하지만 반복적으로 접하게 되면 어느 순간 무의식 속에 새겨지게 된다. 그것이 어떤 정보라 할지라도 말이다. 스필버그 감독이 직원이 아님에도 스튜디오에 나갔을 때 뇌는 새로운 장소를 의식적으로 인지를 했다. 하지만 반복적으로 직원처럼 매일 스튜디오에 나가자 뇌는 무의식 속에 이 곳의 직원이라는 이미지를 새기기 시작한 것이다. 무의식 속에 직원은 매일 출근해야 한다는 이미지가 있었기 때문이다.

대다수의 사람들은 눈으로 보고 생각을 하고 감정을 만들고 행동을 한다. 하지만 성공한 사람들은 생각을 하고 감정을 만들고 눈으로 본 다음 행동을 한다. 대다수의 사람들은 보는 것을 믿고, 성공한 사람들은 믿는 것을 본다. 대다수의 사람들은 사는 대로 생각하지만 성공한 사람들은 생각하는 대로 살아간다.

당신은 이 차이를 알겠는가? 어려운 것이 아니다. 단지 순서를 바꾼 것뿐이다. 대부분의 사람들은 지금 눈앞에 닥친 현실에 집중하고, 만에 하나 일어날 불운에 대해 대비를 하며 산다. 하지만 성공한 삶을 살고 있는 소수의 사람들은 언제나 끝에서부터 생각한다. 끝에서부터 생각한다는 것은 건물을 지을 때 먼저 도안을 그리지 않으면 어떤 건물도 지을 수 없는 것과 마찬가지다. 설령 건물을 짓는다 하더라도 제대로 된 건물을 지을 수가 없게 된다. 이처럼 우리의 삶도 꿈이라는 도안을 확실히 그려두어야 하며 도안이 상세하면 상세할수록 도안한 대로 만들어 갈 수 있는 것이다.

우리가 해야 할 가장 최우선은 목적지를 정하는 것이다. 그것도 최대한 명확하게 말이다. 어딘가를 가기 위해 당신이 자동차에 시동을 켰다고 생각해보자. 차에는 내비게이션도 있지만 어디를 갈지 정하지 못한 당신은 내비게이션에 목적지를 설정하지 못한다. 차는 출발했지만 갈 곳을 정하지 못한 당신은 정처 없이 뱅뱅 돌기만 할 뿐이다.

우리의 삶도 이것과 같이 목적지를 정해 놓지 않으면 정처 없이 해매이게 된다. 내비게이션에 목적지를 설정하고 목적지만을 바라보며 1km씩 가다 보면 어느샌가 목적지에 닿아있다. 목적지까지 가는 길 하나하나를 알 필요는 없다. 목적지를 알고 목적지를 향해 가리키는 방향대로 나아갈 뿐이다. 아무리 낯선 길이라도 목적지만 알면 이런 식으로 어디든지 갈 수 있는 것이다.

이미 이루어진 것처럼 행동하는 것은 뇌를 속이는 행동이다. 이미 이룬 것처럼 행동할 때마다 나타나는 감정과 생각이 뇌에게는 이것이 현실이라고 여기게 되는 효과를 가져오게 된다. 그렇게 되면 뇌는 현실과 생각이 서로 일치하는 환경을 만들기 위해 필요한 조건들을 끌어오게 되는 것이다. 이런 행동들은 반복하면 할수록 효과는 점점 더 크게 나타나게 된다.

이 효과를 보기 위해 당신이 오늘부터 "난 이미 부자가 되었어."라고 말을 하고 부자처럼 행동하기로 했다. 하지만 당신은 길을 가다 젊은 사람이 외제차를 몰고 가는 것을 보고 '젊은 녀석이 무슨 돈으로 저런 차를 타고 다니지? 부모님 차겠지 머'라고 생각한다면 이것은 부자처럼 행동하는 것이 아니다. 앞서 말했듯이 이미 이루어진 것처럼 행동하는 것은 뇌를 속이는 행동이다. 뇌를 속인다는 것은 잠재의식 속에 성공한 나의 모습을 넣는 것이다. 하지만 당신은 부자처럼 행동하겠다고 하면서 잠재의식 속에는 젊은 나이에 저렇게 부자가 될 리가 없다는 생각으로 질투심을 들어냈다. 이것은 잠재의식 속에 나는 저렇게 될 수 없고, 저렇지 않다는 것을 내포하고 있는 것이다. 만약 당신이 진정 부를 이룬 사람이었다면 그렇게 생각을 했을까? 나의 성공만큼 남의 성공도 축하해주지 않았을까?

예수는 수많은 기적을 행하며 이렇게 말했다. "만일 너희에게 믿음이 겨자씨 한 알만큼만 있어도 이 산을 명하여 여기서 저기로 옮겨지라 하면 옮겨질 것이오. 또 너희가 못할 것이 없으리라." 예수는 믿음을 얘기했다. 당신의 성공 역시 이루어진 것처럼 연기를 하는 것이 중요한 게 아니라 이미 이루어졌다고 믿는 것이 중요하다. 당신이 어떤 허무맹랑한 꿈을 품었는지는 중요하지 않다. 그 꿈을 얼마나 믿을 수 있느냐가 가장 중요한 것이다.

당신이 이루고 싶은 모습을 이미 이룬 것처럼 생각하고 행하는 것에 대해 주변의 비판이나 시선을 신경 쓰지 마라. 비판이나 시선을 신경 쓰는 것 자체가 자신이 이루어지지 못했음을 반증하는 것이다. 그리고 자신의 생각 외에 것은 신경 쓸 필요가 없다. 자신에게 일어나는 모든 일은 자신이 만드는 것이다. 타인에게 그 권리를 넘겨주지 마라. 풍요를 원하면 풍요로운 마음을 가져라. 사랑받고 싶다면 사랑을 주어라. 자유롭고 싶다면 자유롭게 행동하라. 당신이 이루고 싶은 모습에 이미 가 있어라.

////

"자신이 풍요롭게 사는 모습을 그리면 풍요가 나타날 것이다.
이 법칙은 시간이나 사람을 초월한다."
– 밥 프록터 –

////

이미 이루어진 것처럼 행동하는 것을 부디 '척'하는 행동을 하는 것으로 받아들이지 말길 바란다. 있는 척, 아는 척, 본 척. 그것은 과시욕이고 허세일 뿐이다. 여기서 말하는 이루어진 것처럼 행동하는 것은 잠재의식에 관한 이야기이며 믿음에 대한 이야기다. 나무를 보지 말고 숲을 보아야 한다. 이루어진 것처럼 하는 행동에 주시하지 말고 그 뒤에 숨겨진 잠재의식의 역할을 보아야 하는 것이다. 이것을 진정한 의미로 이해했다면 당신은 이미 이루어져 있는 세상에서 살고 있게 된다.

이미 이루어진 것처럼 살아가다 보면 인생의 참 묘미를 느끼게 된다. 그리고 신이 인간에게 준 창조력에 대해 이해하게 된다. 인생은 자신이 원하는 모습으로 만들어갈 수 있다. 아니 그렇게 되어야만 한다. 살아가는 대로 생각하지 말고, 생각하는 대로 살아가는 인생을 살아야 한다. 풍요롭게 살고 싶다면 그렇게 하라. 그렇게 살고 있다고 세상에 선포하라. 모든 이에게 풍요롭게 살고 있음을 보여주어라. 나는 풍요롭다고 믿고 풍요로움을 느껴라. 그리하면 온 우주가 당신의 풍요로움을 위해 움직이기 시작한다.

당신이 진정 원하는 것은 무엇인가? 그게 무엇이든 지금 이 자리에서 이미 이루어졌음을 선포하라. 축하한다. 당신은 이미 그것을 이루었다.

쓰면 이루어진다

'종이에 쓰면 이루어진다'라는 말을 들어본 적 있는가? 수많은 자기 계발서에서 이미 거론되고 알려져 온 성공 습관 중 하나이다. 이미 많은 곳에서 말해 온 것을 또다시 여기서 거론하는 것은 그만큼 이것이 큰 효과를 지니고 있기 때문이다. 성공으로 가기 위해 가장 먼저 바꿔야 하는 것은 생각이다. 생각에서 모든 것이 시작되기 때문이다. 생각은 감정을 바꾸고 감정이 말투를 바꾸고 습관적인 말투는 결국 운명을 바꾸게 하는 힘이 있다. 종이에 쓰면 이루어지는 방법을 강조하는 이유는 그것이 바로 그런 생각을 바꾸게 하는 가장 효과적이고 기초적인 방법 중 하나이기 때문이다.

나폴레옹 힐의 저서인 『성공하는 사람들의 13가지 행동철학』에 보면 자신이 이루고 싶은 것이 있다면 6개의 스텝을 밟아야 한다고 했다. 그 스텝의 첫 번째는 이루고 싶은 것을 명확하게 하는 것이다. 단순히 '부자가 되고 싶다'라는 생각이 아닌 구체적이고 상세한 것이어야 한다. 두 번째는 이루고 싶은 것을 얻기 위해 당신은 무엇을 치룰 것인지를 결정해야 한다. 대가 없는 보답은 존재하지 않는다. 세 번째는 언제 이룰 것인지 '기일'을 결정하는 것이고, 네 번째는 당신이 이루고 싶은 것을 위해 치루 기로 한 것에 대한 계획을 세우고 바로 행동에 착수하는 것이다. 다섯 번째는 이 모든 것을 종이에 적는다. 마지막 여섯 번째는 종이 쓴 글을 1일 2회 잠자리에 들기 직전과 기상 후 즉시, 되도록 큰소리로 읽는 것이다. 이미 모든 것을 이뤘다는 믿음을 가지고 말이다.

하버드 대학의 연구결과를 보면 3%의 학생이 인생의 목표를 구체적으로 종이에 써서 그 글을 보면서 행동했고, 10%의 학생은 자신이 세운 몇 가지 목표를 마음속에만 간직하고 있었다. 그리고 60%의 학생이 목표가 불분명했으며 나머지 27%는 목표가 아예 없었다고 한다. 그리고 30년이 지난 후 학생이었던 그들을 다시 조사해보니 목표를 구체적으로 종이에 써 글을 보며 행동했던 3%만이 사회 각계각층에서 중요한 인물이 되어 있었고, 마음속에만 목표를 세워뒀던 10%는 그럭저럭 살면서 사회에 불평불만만 털어놓는 사람이 되었고, 나머지 87%는 힘들게 살고 있었다고 한다.

그렇다면 도대체 종이에 쓰는 것이 어떤 힘이 있기에 이런 작용을 하는 것일까? 물론 마법의 종이도 마법의 펜을 쓰는 것도 아니므로 종이에 쓰는 것 자체가 마법 같은 일들을 펼치게 하는 것은 아니다. 이것은 잠재의식에 관한 이야기다. 종이에 이루고 싶은 것을 쓸 때마다 종이에 쓴 리스트를 볼 때마다 잠재의식에 이미 이룬 것 같은 이미지를 심어주게 된다. 일종의 반복학습과 흡사한 것이다.

대부분의 사람들은 의식만을 활용하여 살아가고 있다. 이 말은 곧 살아가는 대로만 생각하는 것과 같다. 하지만 우리는 잠재의식을 이용하여 살아가는 대로 생각하는 것이 아니라 생각하는 대로 살아가는 방식을 깨달아야 한다. 종이에 이루고 싶은 것들을 적어 반복적으로 읽는 것은 바로 이 잠재의식을 자극하는 방법 중 하나다. 잠재의식 속에 내가 원하는 나의 모습을 입력하는 것과 같은 것이다.

쓰면 이루어지는 이 마법 같은 이야기는 김태광 작가의 기획인 『버킷리스트』 시리즈를 보면 잘 알 수 있다. 김태광 작가를 시작으로 여러 작가들이 공동으로 참여한 버킷리스트 시리즈는 지금까지 1, 2, 3권까지 출판되었으며 그 안에는 그들이 겪었던 이야기들이 흥미진진하게 담겨 있다. 그 이야기 중 하나를 소개할까 한다. 바로 이 책의 기획자인 김태광 작가의 이야기다.

그는 어릴 적부터 심한 말더듬과 생활고로 힘들어했다. 게다가 갑작스러운 아버지의 자살과 여자 친구의 죽음으로 인해 견딜 수 없을 만큼 힘든 삶을 살아야 했다. 그럼에도 그는 작가가 되겠다는 자신의 꿈을 포기할 수 없었다. 그는 자신의 꿈에 확신을 갖기 위해 자신이 이루고 싶은 리스트를 적어 내려갔다.

- 베스트셀러 작가 되기

- 대한민국 최고의 성공학 강사 되기

- TV, 라디오에 출연하기

- 해외에 저작권을 수출하기

- 내가 쓴 글이 교과서에 등재되도록 하기

- 대기업 등의 사보에 칼럼 쓰기

- 두 달에 책 한 권 출간하기

- 책 100권 쓰기

- 대형서점에서 사인회 하기

그는 이 리스트를 적어 지갑에 넣어 다니며 시간이 날 때마다 종이를 꺼내 읽어보며 이루어진다는 확고한 마음을 가졌다. 그리고 결국 15년 동안 150여권의 책을 펴냈고, 수십 권의 책이 베스트셀러에 올랐다. 그리고 그의 글이 5권의 교과서에 실렸고, 여러 권의 책이 해외에 수출되었다. 현재 그는 억대 수입을 올리는 강연가로 강남의 대형 아파트에 살며 TV, 라디오 등 각종 매체에 출연한다. 결국 종이에 적은 모든 일들을 이루어낸 것이었다.

김태광 작가의 사례 외에도 버킷리스트 시리즈를 보면 이런 사례는 많이 볼 수 있다. 많은 사람들이 쓰면 이루어지는 것을 경험하고 공감한 것을 알 수 있다. 설레지 않는가? 단지 종이에 원하는 것을 썼을 뿐인데도 이렇게 큰 창조의 힘을 발휘하는 것이다.

그리고 이제 앞으로 내가 이루고자 하는 나의 버킷리스트를 여기에 공개한다.

- 밀리언셀러 작가 되기

- 외제차 3대 이상 소유하기

- 모교에서 특강하기

- 한남동에 있는 한남더힐 펜트하우스에 살기

- 억대 강연가 되기

- TV, 라디오, 신문 등 방송매체 출연하기

- 대한민국에서 영향력 강한 10인에 뽑히기

- 해외 17개국에 번역되어 책 수출하기

- 2014년에 책 3권 이상 출간하기

- 몰디브로 가족 여행 떠나기

지금 나의 상황에서는 아직 먼 이야기일수도 있다. 그리고 누군가가 보기에는 터무니없는 목록일 수도 있다. 하지만 나는 이 리스트의 모든 것들이 이루어진다는 것을 믿을 것이고 또 확신을 가질 것이다. 나는 요즘 이 리스트를 종이에 적어 항상 지갑 속에 넣어다닌다. 그리고 차 안과 서재에도 붙여두고 눈에 보일 때마다 이

리스트를 읽으며 확신을 가진다. 그렇게 하면 이미 이루어진 것처럼 마음이 풍요해지고 행복해짐을 느낄 수 있다.

////

"이길 수 있다고 생각하면 이길 수 있다.
신념은 승리의 필수 요소이다."

– 윌리엄 해즐릿 –

////

김태광 작가는 『버킷리스트』에서 소망하는 것들을 단기간에 현실로 만드는 자신만의 팁(tip)을 공개했는데 그것은 바로 종이가 아닌 수표에 소망하는 것들을 적는 것이다. 수표에 적을 때 느낌이나 기분은 종이에 적을 때와는 차원이 다르다고 한다.

현시대에 들어서면서 자수성가한 백만장자가 늘어나고 있는 이유는 무엇일까? 그들은 태어나기 전부터 성공할 사람으로 내정되어 있던 사람일까? 그렇지 않다. 그들 역시 성공한 사람들의 노하우를 따라 하며 자신의 꿈을 이룬 것이다. 당신이 조금만 관심을 가지고 주위를 돌아보면 이미 성공한 사람들이 성공할 수 있는 방법을 책으로 영상으로 강의로 말해주고 있다는 것을 알 수 있다. 성공할 수 있는 방법들이 넘쳐나고 있다는 것이다. 당신이 눈만 돌린다면 그 도구들을 찾을 수도 있고 마음만 먹는다면 그 도구들을 사용할 수도 있다.

쓰면 이루어지는 이 마법 같은 방법도 그 도구들 중 하나이고 당신이 마음만 먹는다면 이 도구를 사용할 수 있다. 이미 방법은 나와 있다. 이제 이것을 어떻게 사용할 것인지는 당신 몫으로 남아있다. 도구는 언제나 당신의 선택을 기다리고 있다. 늘 그 자리에서.

몸 짱에서 이제 꿈 짱으로 거듭나라

몇 년 전부터 웰빙(well-being) 바람이 불면서 몸매 바꾸기가 한 창이다. 남녀노소 불문하고 몸매를 가꾸고 일명 '몸짱'으로 거듭나 려 한다. 개그우먼 권미진 씨는 방송 프로그램에서 다이어트를 시 작해 무려 53kg을 감량하여 큰 이슈가 됐다. 지금은 헬스 걸 권미 진으로 많은 사람들에게 다이어트 방법을 전파하고 있다.

몸을 가꾸고 건강을 찾아가는 열풍은 좋은 현상이라 여겨진다. 몸 이 건강해지면 마음에도 좋은 영향을 끼치게 된다. 몸과 마음은 언 제나 평등하게 건강해야 한다. 어느 쪽에든 치우쳐서는 안 된다. 당신이 오랜 시간 땀을 흘리고 몸을 가꾸면서 외부를 다듬었다면 이제 그만큼의 시간을 내부에 투자하여 꿈 짱으로 거듭날 때다.

많은 사람들이 살아가는 동안 자신이 이루고 싶었던 꿈들을 잊고 살거나, 아예 사라져 버리는 경우가 많았다. 그것의 가장 큰 원인 은 주위 사람들의 부정적인 말과 부정적인 환경이었다고 한다. "그건 무리야.", "그렇게는 할 수 없어.", "그냥 평범하게 살아." 이 런 말들이 불안하고 두렵게 만들었다고 한다.

하지만 돌이켜보면 이런 말을 하는 사람들은 모두가 부정적이고 가난한 사람들이 대부분이라는 사실을 알 수 있을 것이다. 자신이 할 수 없었기 때문에 당신도 할 수 없다고 판단하는 것이고, 자신은 할 용기가 없기 때문에 당신이 해내는 것이 두려운 것이다. 다른 사람이 어떻게 말하고 판단하는지는 중요하지 않다. 다른 사람이 당신을 평가하는 것은 당신에게 아무런 의미도 주지 못한다. 언제나 중요한 건 자신임을 기억해야 한다.

꿈은 누구나 품을 수 있고 언제든 품을 수 있다. 꿈은 누구에게나 평등하고 공평하다. 당신이 나이가 많든 가난하든 장애가 있든 아무것도 상관이 없다. 꿈은 당신이 할 수 있고 없고 가 아닌 하느냐 안 하느냐로 결정된다. 누군가는 꿈을 품으라고 말하면 "이 나이에 무슨.."라고 한다. 나이 많은 사람은 꿈을 품지 말라고 정해둔 적이 있던가? 스스로 자신에게 그런 법을 정해둔 것은 아닌가? 성공한 사람들을 보라. 그들은 나이가 들어도 꿈꾸는 것을 멈추지 않는다. 나이가 들어도 자신이 하려는 일을 멈추는 법이 없다. '나이가 들어서'라는 핑계를 대지 않는다.

꿈은 아무런 요소와도 상관관계를 갖지 않는다. 유일한 상관관계를 맺는 것이 바로 나 자신이다. 나로 인해 원대해지기도 하고 나로 인해 초라해지기도 한다. 어떤 조건에서든 자신이 원대한 꿈을 가지면 원대해지며 내버려 두면 초라해지게 된다. 지금 당신은 꿈을 내버려 두고 있진 않은가?

한 노인이 있었다. 노인은 가진 것을 모두 투자해 요식업 사업을
했지만 실패하고 말았다. 그는 절망했고 두려웠다. 그는 벌써 65
세의 적지 않은 나이였고 사업에 실패하고 남은 것은 집 한 채와
105불, 고물이 다 된 자동차 한 대뿐이었다.

하지만 노인은 포기하지 않았다. 반드시 성공하겠다는 의지로 다
시 요식업에 뛰어들었다. 자신의 경험을 되살려 특별한 요리를 연
구하기 시작했다. 그는 주변의 따가운 시선과 만류에도 아랑곳하
지 않고 밤낮으로 요리를 연구했다. 그리고 결국 자신만의 노하우
를 기반으로 특별한 요리를 만들어 냈고, 제조법을 특허로 신청하
게 된다. 그가 만든 요리는 맛을 인정받기 시작하면서 점점 유명
해지기 시작했다. 결국 다른 사업자들에게 기술을 전수해주며 다
른 주에 체인점까지 내게 되었다.

이것이 바로 우리가 잘 알고 있는 전 세계적인 패스트푸드 KFC
(Kentucky Fried Chicken)이다. 그리고 70세를 바라보는 나이
에도 실패를 두려워하지 않고 좌절 앞에서 당당히 일어서 성공을
일궈낸 노인이 바로 KFC 매장 앞에 서서 웃고 있는 커넬 샌더스
(Colonel Harland Sanders)다. 커넬 샌더스는 꿈을 잃지 말라

며 이런 말을 했다.

"나는 녹이 슬어 사라지기보다는 다 닳아빠진 후에 없어지리라."

그는 70세를 바라보는 나이였고, 해결할 수 없을 것 같은 큰 장애물을 만났다. 그럼에도 그는 포기하지 않았고 결국 음식점의 패러다임까지 바꿔버렸다. 누군가는 나이가 많아서 포기하고, 누군가는 세계적인 브랜드를 만들어냈다. 누군가는 장애와 장애물 때문에 포기하지만, 누군가는 장애물을 또 다른 기회로 삼아 성공의 발판으로 만들었다.

이것은 꿈이 있기 때문이다. 꿈이 있는 사람은 좌절하고 주저앉게 되더라도 포기하지 않는다. 가야 할 곳을 알고 있기 때문이다. 어떤 상황이 되더라도 가야 할 곳을 정확히 알고 있다. 건강한 사람이 쉽게 병에 걸리지 않는 것처럼 꿈이 있는 사람은 쉽게 좌절하지 않는다. 꿈이 그것을 이겨내야 할 이유가 되어주고, 포기하지 않게 해주는 원동력이 된다.

////

"계획이 실패하는 이유는 목적이 없기 때문이다.
어느 항구로 가야 할지 모른다면

어떤 바람도 옳은 길로 향하지 않는다."

- 세네카 -

////

꿈을 품은 사람이 꿈 짱이 되기 위해서는 모든 일에 감사해야 한다. 몸 짱이 되기 위해서는 땀을 흘려야 하듯이 꿈 짱이 되기 위해서는 감사하는 마음을 흘려야 한다. 꿈을 꿀 수 있는 머리에서부터 하루를 시작할 수 있는 시간, 문을 열고 나아갈 수 있는 손과 다리에 감사해야 한다. 이 책을 볼 수 있게 해 준 눈에 감사해하고, 볼 수 있는 여건을 만들어 준 것에 감사해야 한다. 주어진 모든 것에 감사해야 한다.

그리고 이제 이루어질 것들에 대해서 감사해야 한다. 자신이 설정한 꿈이 이루어질 것이고 그 꿈이 이루어져 내 삶이 변화될 것들에 대해 감사해야 한다. 그렇게 하면 삶은 기쁨과 경이로움에 가득 차게 되고 기적 같은 일들이 펼쳐질 것이다. 감사하는 마음은 꿈을 이루게 하는 필수조건이다.

감사는 이미 주어진 것에 대해서는 더 큰 힘을 발휘하게 하는 역할을 하고, 주어질 것들에 대해서는 문을 열고 반갑게 맞이하는 적극성을 가진다. 감사는 당신이 진심을 가지고 아무런 의도 없이 습관적으로 하게 되면 당신이 어떤 꿈을 품고 있든 그 곳으로 가는 길을 밝혀준다. 감사한 마음이 긍정적인 에너지를 발산시키는데 가장 중추적인 역할을 하는 것이다.

그리고 용서해야 한다. 용서는 앞으로 나아가기 전에 가장 먼저 해야 할 준비운동과 같은 것이다. 용서하는 마음은 당신을 묶고 있던 쇠사슬을 푸는 것이다. 꿈을 향해 나아가기 전 몸에 묶은 쇠사슬을 풀어주어야 속도를 낼 수 있다. 그렇지 않으면 조금만 가다가도 지치고 속도는 좀처럼 늘지 않는다.

용서를 하지 못하는 것은 자신이 만들어놓은 틀에 갇혀있는 것과 마찬가지다. 용서하지 못해 틀에 갇혀 고통스러워하는 것은 결국 자신이다. 용서는 남을 위해하는 것이 아니라 자신을 위해서 하는 것이다. 아무리 다른 것을 습득하고 꿈을 찾아 나아가려 해도 결국 틀에 갇혀 나아가지 못하게 된다.

용서를 하지 못하는 것 자체가 부정적인 마인드를 품게 한다. 그 사건을 떠올리기만 해도 그 사람을 생각하기만 해도 부정적인 마음이 떠오르게 되는 것이다. 하지만 진정한 용서를 하게 되면 부정적인 마음을 내려놓게 되고 긍정적인 마음으로 모든 것을 대할 수 있게 된다. 진정한 용서를 해본 적이 있는 사람은 용서로 인해 펼쳐지는 변화와 발전에 대해 잘 이해하고 알 수 있을 것이다.

여기 감사와 용서를 잘 이해한 사람이 한 명 있다. 바로 2013년 12월 5일에 타개한 前 남아프리카공화국 대통령 넬슨 만델라다. 그는 46세부터 27년간 옥살이를 해왔다. 70세가 넘은 나이에 감옥에서 출소했고 각국의 기자들이 교도소 앞에서 그를 기다리고 있었다. 교도소 문이 열리고 그가 나오자 생각보다 너무 밝고 건강한 모습에 한 기자가 질문을 던졌다.

"다른 사람은 5년만 감옥살이를 해도 건강을 잃어서 나오던데 어떻게 27년 동안 옥살이를 하고도 이렇게 건강할 수 있었습니까?"

그러자 만델라는 웃으며 대답했다.

"나는 감옥에서 중노동을 나갈 때 넓은 자연으로 나간다는 즐거움에 비록 몸은 힘들지만 일을 즐겼습니다. 하늘을 보고 감사함을 품었고, 땅을 보고 감사함을 품었습니다. 남들은 감옥에서 좌절과 분노를 삭였지만, 나는 마음을 내려놓고 모든 것을 용서했습니다. 물을 마시며 감사해했고, 음식을 먹으며 감사해했고, 강제노동을 할 때도 감사해했습니다. 그랬더니 세상의 모든 즐거움이 나를 감쌌습니다."

그는 인생의 3분의 1을 억울한 감옥살이를 해야 했지만 분노 대신 감사를 선택해 그 후 노벨평화상을 받고 남아프리카공화국 최초의 흑인 대통령에도 당선되었다. 그는 감사와 용서를 가장 잘 이해한 인물이며 감사와 용서로 큰 꿈을 이루어낸 위인이다.

당신도 할 수 있다. 감사와 용서로 무장하여 자신만의 원대한 꿈을 이루고 꿈 짱으로 거듭나라. 이제는 몸 짱을 넘어선 꿈 짱으로 자신의 삶을 성공적으로 이끌어가는 것이다.

에필로그

우리는 누구나 가슴속에 죽을 만큼 힘든 무언가를 품고 살아가고 있다. 각기 서로 다른 크기, 형태, 색깔 등을 가졌지만 그 무게만큼은 자신에게 가장 견디기 힘든 무게일 것이다. 내게는 오랜 투병생활이 그러했고 그 과정에서 겪은 경험들이 그러했다. 시간이 흘러도 희망은 없고, 길은 보이지 않았다. 오히려 상황은 더 악화되기만 했고 나는 지치고 어두워져 갔다.

그러던 나의 삶에 어느 날 꿈이라는 점을 하나 찍었다. 힘겹고 어두웠던 나의 마음에 꿈이라는 하얀 점을 찍은 것이었다. 그러자 처음에는 잘 보이지도 않던 그 점이 점점 퍼져나가 어느 순간 어두웠던 나의 마음을 환하게 바꿔주었다. 어두워져 그 위에 무엇을 써도 보이지 않던 마음에 단지 꿈이라는 점 하나를 찍자 원하는 그 무엇도 다시 그릴 수 있는 하얀 도화지로 바뀐 것이었다.

누구나 꿈을 품을 수 있고 그 꿈을 이룰 수 있다. 우리 모두에게는 그럴 만한 권리와 능력이 있다. 나는 오랜 투병생활 동안 온갖 합병증으로 하루하루를 연명하는 것이 최선이었다. 꿈을 품기는커녕 매일 밤 잠들기 전 '내일은 깨어나지 않았으면'하며 잠에 들곤 했다. 아무런 희망도 기대도 할 수 없었다. 하지만 절망의 나락에서 꿈을 품었고, 그 꿈에서부터 모든 것이 바뀌기 시작했다. 당신도 할 수 있다. 당신이 어디서 누구와 무엇을 하는 사람이든지 당신은 꿈을 품을 수 있고, 그 꿈을 이룰 수 있다. 지금 내가 이렇게 이루고 있듯이 말이다!

이 책을 빌려 꿈을 이룰 수 있도록 오랜 시간 나를 믿고 지켜봐 준 아버지, 어머니, 장인어른, 장모님께 감사의 마음을 전하며 나의 영혼 딸 '주아'와 사랑의 진정한 의미를 알려 준 배우자 '이초연'에게 사랑하는 마음을 전한다.

꿈을 이루려는 당신에게 부디 이 책이 최고의 사례가 될 수 있기를 바라며 이 책을 펼친 당신이 자신의 꿈을 이룰 것에 미리 무한한 찬사를 보낸다.

당신은 특별하고 소중한 존재이므로!